Martin Stangl

Das Buch vom Zoigl

Geschichte
Wissenswertes
Alle Zoiglstuben

von A-Z

Verlag Stangl & Taubald

Wörthstr. 14, 92637 Weiden
1. Auflage 2008
www.buch-stangl.de
ISBN 978-3-924783-44-0

ABC

Der Zoiglboom hat die Neue Welt erreicht. So bietet die amerikanische Appalachian Brewing Company (ABC) 50 N. Cameron Street, Harrisburg, PA 17101 unter dem Namen ‚Zoigl Star Lager' ein Bier mit 5,9 % Vol. Alkoholgehalt an. Der ↗Echte Zoigl kann nur aus der Oberpfalz und hier hauptsächlich aus dem nördlich gelegenen ↗Oberpfälzer Wald und mit viel gutem Willen aus dem befreundeten Grenzland zu Franken und Niederbayern kommen. Möglicherweise kann man beim amerikanischen Zoigl aus Pennsylvania (www.abcbrew.com) von einer echten ↗Fälschung sprechen.

Abläuterung, abläutern

↗läutern

Alkoholgehalt

Der prozentuale Anteil von Alkohol im Zoigl wird in Volumenprozent (% Vol.) angegeben.
Er ist abhängig vom Gehalt der ↗Stammwürze. Je mehr Stammwürzegehalt angegeben ist, desto mehr Alkoholgehalt ist zu erwarten.
Als groben Schätzwert kann man angeben, dass bei einem Stammwürzegehalt von 12 °Plato ein Alkoholgehalt von etwa 5 % Vol. zu erwarten ist.
Bei Doppelbock hat man 18 °Plato und nach der Gärung etwa 7, 5 % Vol. Alkoholgehalt.
Der Alkoholgehalt des Zoigls liegt wie bei ↗Vollbieren üblich zwischen 4,5 % Vol. - 5,5 % Vol. Das bedeutet, dass in einer ↗Halben Zoigl mit 4,5 % Vol. Alkoholgehalt ungefähr 18 g bzw. bei 5,5 % Vol. Alkoholgehalt etwa 22 g reiner Alkohol enthalten ist.
Man kann davon ausgehen, das mäßiger Alkoholkonsum nicht gesundheitsschädlich ist. Darüberhinaus gilt: „Alkohol macht Birne hohl!".

Alphasäure
Wegen seines hohen Bitterwertes ist dieser Bestandteil einer der wichtigsten Inhaltsstoffe des ↗Hopfens.
Der Gehalt an Alphasäure ist der Gradmesser für die Bittere des Zoigls. Er liegt beim Zoigl zwischen 25-45 mg/l.

Altenparkstein
Ortsteil der Gemeinde Kirchendemenreuth im Landkreis ↗Neustadt/WN. Die Gesamtgemeinde hat 908 Einwohner (2007).
Seit 1950 wurden insgesamt sieben Gaststätten aufgegeben. Die Zoiglrenaissance ergänzt jetzt mit einer neuen Zoiglstube das dörfliche Leben.
Zoigl gibt's hier:
Zoigl am ↗Moierhof

Altenstadt a. d. Waldnaab
Gemeinde im Landkreis ↗Neustadt a. d. Waldnaab mit 5.001 Einwohner (2007).
Es finden sich Hinweise, dass das heutige Gemeindegebiet bereits um 900 n. Chr. besiedelt war. Schon im Mittelalter lag Altenstadt an den wichtigen Handelsmagistralen (z.B. Goldene, Eiserne, Magdeburger Straße).
Zoigl gibt's hier:
Zoiglwirtschaft Anni Loistl ↗Alter Pfarrhof
Rathausstuben
Brauerei ↗Eismann

Alter Pfarrhof, Zoiglwirtschaft Anni Loistl
Ansprechpartner: Anni Loistl
Straße: Pfarrplatz 14

Ort: 92665 ↗Altenstadt
(0 96 81) 35 07, (0 176) 23 36 77 55, bei Zoiglausschank (0 96 02) 90 93 82
(0 96 81) 91 72 95
www.loistl.de/pfarrhof.htm
zoigl@loistl.de
Art: Zoiglstube
Sitzplätze: etwa 100
Biergarten: ja

Öffnungszeiten: Jeder erste Freitag im Monat bis Dienstag ab 11^{00} Uhr
Zoiglspezialität: Haus-Zoigl
Zoiglausschank seit: 2006
Zoiglfarbe: Bernstein
Verkauf: Fässer, Flaschen, Milchkannen (soweit vorhanden).
Alkoholgehalt: 4,9 % Vol.
Spezialitäten: „Ripperl“ (Rippchen). Außerdem gibt es an jedem Schanktag ein wechselndes warmes Gericht.
Wissenswertes: Das ehemalige Pfarrhofgebäude ist über 400 Jahre alt und verfügt über ein frühgotisches Gewölbe und einen mittelalterlichen Keller.

„Altneihauser Feierwehrkapell'n“®
Überregional bekannte Kabarett-Truppe aus dem Epizentrum der modernen Zoiglkultur. Sie charakterisiert sich selbst wie folgt:
Die „Altneihauser Feierwehrkapell'n“® wurde 1985 erfunden. Benannt hat sich der Haufen nach dem tollen Biotop Altneuhaus im Naturschutzgebiet Waldnaabtal bei Windischeschenbach im Oberpfälzer Wald im schönen Bayern.

Die Kapelle versucht sich seit Jahren mehr oder weniger erfolgreich an den unterschiedlichsten Musikstücken. Das Programm dauert maximal eine Stunde, kann aber jederzeit abgekürzt werden.
Die Musiker sind ausnahmslos Amateure und werden dieser Tatsache auch immer gerecht.
Der Kommandant Norbert ↗Neugirg monologisiert zwischen den gespielten Titeln eigenartig daher und trägt so wesentlich zum Verstreichen der vereinbarten Zeit bei.
Die Besetzung schwankt, bläht sich aber gelegentlich bis zu neun Mann auf.

Proberaum und zugleich Hauptquartier der ‚Altneihauser' ist der ↗Schafferhof im oberpfälzischen Zoiglzentrum ↗Neuhaus/Stadt Windischeschenbach.

Am Letten, Zoigl „Am Letten"

Ansprechpartner: Alfons Höcht
Straße: Bergstr. 19 Letten
Ort: 92717 ↗Reuth bei Erbendorf
☎ *(0 96 83) 92 99 24*
🖷 *(0 96 82) 9 12 31*
💻 *www.zoigl-am-letten.de*
📫 *alfons.hoecht@buero-hoecht.de*
Art: Zoiglstube
Sitzplätze: 40
Biergarten: 60 Sitzplätze
Öffnungszeiten: Sonntag ab 16^{00} Uhr, Montag und Freitag ab 18^{00} Uhr, weitere Öffnungstage werden an der Anschlagtafel und in der Zoiglstube bekannt gegeben.
Zoiglspezialität: Zoigl von der ↗Wolframstubn
Zoiglausschank seit: 2001
Zoiglfarbe: hell
Verkauf: nur Ausschank
Alkoholgehalt: 5,0 % Vol.
Spezialitäten: rustikale Speisen aus dem hauseigenen restaurierten Backofen: Schweinshaxn, Rollbraten, frische Brezn.
Wissenswertes: Das Anwesen wurde von der Besitzerfamilie 1993 gekauft. In dem fast verfallenen und 30 Jahre unbewohnten Bauernhaus begannen 1995 die ersten vorsichtigen Sanierungsversuche. Diese konnten zu Beginn des Jahres 2001 abgeschlossen werden.
Zoigltermine: jede Woche Zoiglausschank.

Amberg

kreisfreie Stadt mit 44.394 Einwohnern (2006). Es gibt Hinweise, dass das Braurecht in Amberg schon vor 1373 bestanden hat.
Eine Brauordnung ist im Jahr 1593 erlassen worden und in den Jahren 1641 und 1696 in einigen Punkten verändert worden.

Da im 30-jährigen Krieg die Einwohnerzahl in Amberg durch den Krieg und die Pest zurückgegangen war und viele Häuser vermietet wurden, verfügte man 1641, dass das Braurecht nicht auf die Pächter von Häusern übertragen werden darf. Damit sollte erreicht werden, dass die Mieter die von ihnen bewohnten Häuser kaufen sollten und so der Wert der Häuser wieder steigt.
Der Wert des Hauses war in Amberg - anders als in anderen Orten - der Maßstab für den Brauumfang. 1696 wurde festgelegt, dass der Eigentümer eines Hauses im Wert von 100 Gulden einen halben Sud Bier brauen lassen darf.
Um 1780 gab es in Amberg neben zwei Klosterbrauereien und dem „Weißen Brauhaus“ der Weißbräugesellschaft sechs Kommunbrauhäuser, die etwa 80 % des Ausstoßes brauten.

Die Würze wurde zur Gärung in Felsenkeller vor die Tore der Stadt gebracht, von denen es um 1780 24 Anlagen gab.
Da die Kapazitäten der Kommunbrauhäuser nicht ausreichten, durften die Amberger Bürger mit staatlicher Erlaubnis von 1838 auch in vier der 13 Privatbrauereien brauen lassen.
In Brauereiadressbüchern ist eine städtische Brauerei bis 1892, eine weitere bis 1895 verzeichnet.
Die Gebäude der 1617 gegründeten Weißbräugesellschaft gingen in die Bürgerbräu Amberg

über, die als Braustätte gemeinsam von den Brauereien ↗Winkler und Schießl genutzt wurden.
Zoigl gibt's hier:
Brauerei ↗Winkler

Amylasen
Helferenzyme, die Stärke in Malzzucker umwandeln können. Sie werden bei der Keimung der ↗Braugerste gebildet und spielen eine wichtige Rolle bei der Herstellung der ↗Würze vor der ↗Gärung.
Beim ↗Darren muss auf diese Enzyme besondere Rücksicht genommen werden.

anschwänzen
Nach dem Gewinnen der ↗Vorderwürze durch ↗Abläuterung sind im ↗Malzschrot immer noch wertvolle Inhaltsstoffe, die durch portionsweise Zugabe von höchstens 78 °C heißen ↗Anschwänzwasser ausgeschwemmt werden. Durch dieses Anschwänzen wird die ↗Nachwürze gewonnen.

Anschwänzwasser
Wasser, das zum restlichen Auslaugen des Malzschrotes mit max. 78 °C Temperatur über den Treber gegossen wird. Daraus entsteht die ↗Nachwürze, die der ↗Vorderwürze wieder zugeführt wird.

anstellen
Versetzen der fertig gekochten ↗Würze mit ↗Hefe, die mit Sauerstoff angereichert wurde.

anstoßen
Wenn man das erste Mal in einer Runde das Bierglas oder den Bierkrug hebt, dann winkelt man den rechten Arm so an, dass der Oberarm in Schulterhöhe waagrecht gehalten wird und der Unterarm das Trinkgefäß etwa in Herzhöhe hält. Nachdem alle Trinkgenossen ebenfalls ihr Glas in dieser Weise erhoben haben, wird gemeinsam angestoßen und ein Schluck getrunken. Danach

hält man das Glas wieder in Herzhöhe und wartet, bis die Runde ebenfalls das Trinkgefäß vor sich hält.
Anschließend stellt man das Glas auf das ↗Bierfilzl zurück.

aufziehen
Bevor der Brauer die ↗Hefe in die abgekühlte ↗Würze gibt, versetzt er diese mit Sauerstoff. Damit wird der ↗Gärprozess optimal gestartet.

ausschlagen
Eiweißbruch und Hopfenbestandteile werden nach dem ↗Würzekochen ausgefiltert. Dies geschieht entweder auf traditionelle Weise im Kühlschiff, wo sich die Feststoffe am Boden ablagern oder im Whirlpool. Dort wird die Würze in Rotation versetzt, wobei die Feststoffe sich als Kegel in der Mitte des Strudels ansammeln, während außen, die Würze ohne die unerwünschten Stoffe abgeleitet wird. Gleichzeitig wird die Flüssigkeit auf Gärtemperatur abgekühlt. Es entsteht die sogenannte ↗Ausschlagwürze. Beim anschließenden Abkühlen ist eine sterile Verarbeitung geboten, da sonst Bakterien den Zoigl ungenießbar machen können (↗Milchsäurebakterien).

Ausschlagwürze
Gekochte und vom ↗Trub befreite, auf Gärtemperatur abgekühlte ↗Würze

Aweg Zoiglstube
Ansprechpartner: Margareta Wittmann

Straße: Untere Vorstadt 15
Ort: 92660 ↗Neustadt/WN
☎ *(0 96 02) 61 76 54*
💻 -
📫 -
Art: nur Ausschank
Sitzplätze: 30
Biergarten: nein
Öffnungszeiten: Samstag, Sonntag ab 18^{00}Uhr
Zoiglspezialität: Zoiglbier aus Reuth
Zoiglausschank seit: 1982

Zoiglfarbe: Bernstein
Verkauf: nur Ausschank
Alkoholgehalt: 4,8 % Vol.
Spezialitäten: Zoiglbrotzeit, Presssack
Wissenswertes: Foto: letzte Zoiglfuhre
Zoigltermine: telefonisch, Presse.

Bären, Gasthof zum Bären
Ansprechpartner: Franz Merkl
Straße: Stadtplatz 26
Ort: 92660 ↗Neustadt
☎ (0 96 02) 9 42 40 25
🖷 (0 96 02) 9 42 40 25
💻 -
📫 -
Art: Zoiglausschank
Sitzplätze: 80
Biergarten: ja
Öffnungszeiten: jeden Freitag ab 18⁰⁰ Uhr und ein Mal im Monat drei Tage.
Zoiglspezialität: Bärenwirtzoigl
Zoiglausschank seit: 1999
Zoiglfarbe: Bernstein
Verkauf: nur Ausschank
Alkoholgehalt: 5,2 % Vol.
Spezialitäten: Sauere Lunge, Sauere Knöcherl, Knöcherl mit Kraut.
Wissenswertes: Jeden 1. Freitag im Monat ist hier ↗Musikantentreffen. Am letzten Samstag im Monat findet ab 18⁰⁰ Uhr immer ein ‚Böhmischer Abend' mit Zoigl und Musik statt.
Zoigltermine: telefonisch, Presse, Internet, Zoiglkalender.

Bärnau
Die Stadt ist mit über 650jähriger Stadtgeschichte die älteste im Landkreis ↗Tirschenreuth und hat 3.398 Einwohner (2007).
Ihre Geschichte ist mit dem nahe liegenden Kloster ↗Waldsassen eng verbandelt. Der Reformator Jan Hus hat übrigens, als er auf dem Weg zum Konzil nach Konstanz war, in Bärnau Halt gemacht. Er kam am 15. Oktober 1414 von Tachau aus auf der Goldenen Straße dorthin.

Ein berühmter Sohn der Stadt ist Ignatius von Senestrey (* 13. Juli 1818 in Bärnau; † 16. August 1906 in Regensburg), der von 1858 bis 1906 Bischof in Regensburg war. –
Seine wirtschaftliche Blüte erlebte die Stadt in der 2. Hälfte des 20. Jahrhunderts mit dem Erstarken der Knopfindustrie. Aus diesem Grunde wurde in Bärnau das ‚Deutsche Knopfmuseum' errichtet, das 1975 eröffnet wurde und sich im ehemaligen ↗Kommunbrauhaus befindet.

Seit 2002 finden auf der Freilichttribüne im Klostergarten im 2-Jahres-Rhythmus die deutsch-tschechischen „Historischen Festspiele" mit Marktspektaculum statt. Das Schauspiel soll Erinnerungen an die Zeit zwischen dem 14. und 17. Jahrhundert an der Bayerisch-Böhmischen Grenze wecken.
Zoigl gibt's hier:
↗Zoiglstube Bärnau

Bahler, Zoiglstube Bahler
Ansprechpartner: Thomas Witt
Straße: Marktplatz 12
Ort: 92670 ↗Neuhaus
☎ *(0 96 81) 39 16*
🖷 *(0 96 81) 39 16*
💻 *www.zoiglbier.de/neuhaus/index.html*
📪 *witt.neuhaus@freenet.de*
Art: ↗Kommunbrauer, Qualitätssiegel ↗Echter Zoigl vom Kommunbrauer

Sitzplätze: in 2 Stuben 150
Biergarten: ja
Öffnungszeiten: alle fünf Wochen Freitag bis Dienstag
Zoiglspezialität: Original Neuhauser Zoigl
Zoiglproduktion seit: 1988
Zoiglfarbe: hell
Verkauf: 1 l Flaschen, Partyfässer 5 l, 10 l, 15 l, 20 l, 30 l
Alkoholgehalt: 5,1 % Vol.
Spezialitäten: Holledauer Hopfengold (Schnaps)
Wissenswertes: Neben den regulären Zoiglschanktagen stehen die gemütlichen Räumlichkeiten auch für private Veranstaltungen zu Verfügung. Für Gruppenfeiern von Vereinen, Geburtstage oder andere Feste ist die Wirtsfamilie den Gästen gerne behilflich. Auch Motorradfahrer, Radfahrer oder andere reisenden Gruppen sind dort gerne gesehen. Verleih von Biergarnituren und Imbisswagen für Feste und Veranstaltungen

Zoigltermine: telefonisch, Presse, Internet, Zoiglkalender.

Bayerisches Reinheitsgebot

„Wie das Bier im Sommer und Winter auf dem Land ausgeschenkt und gebraut werden soll.
Wir verordnen, setzen und wollen mit dem Rat unserer Landschaft, daß forthin überall im fürstentum Bayern sowohl auf dem Lande wie auch in unseren Städten und Märkten, die kein besondere Ordnung dafür haben, von Michaeli bis Georgi ein Maß *(bayerische = 1,069 Liter)* oder ein Kopf *(halbkugelförmiges Geschirr für Flüssigkeiten = fast eine Maß, aber nur fast!)* Bier für nicht mehr als einen Pfennig Münchener Währung und von Georgi bis Michaeli die Maß für nicht mehr als zwei Pfennig derselben Währung, der Kopf für nicht mehr als drei Heller *(Heller = gewöhnlich ein*

halber Pfennig) bei Androhung unten angeführter Strafe gegeben und ausgeschenkt werden soll. Wo aber einer nicht Märzen, sondern anderes Bier brauen oder sonstwie haben würde, soll er es keineswegs höher als um einen Pfennig die Maß ausschenken und verkaufen.
Ganz besonders wollen wir, daß forthin allenthalben in unseren Städten, Märkten und auf dem Lande zu keinem Bier mehr Stücke als allein Gersten, Hopfen und Wasser verwendet und gebraucht werden sollen.

Wer diese unsere Anordnung wissentlich übertritt und nicht einhält, dem soll von seiner Gerichtsobrigkeit zur Strafe dieses Faß Bier, so oft es vorkommt, unnachsichtlich weggenommen werden. Wo jedoch ein Gauwirt von einem Bierbräu in unseren Städten, Märkten oder auf dem Lande einen, zwei oder drei Eimer *(= enthält 60 Maß)* Bier kauft und wieder ausschenkt an das gemeine Bauernvolk, soll ihm allein und sonst niemandem erlaubt und unverboten sein, die Maß oder den Kopf Bier um einen Heller teurer als oben vorgeschrieben ist, zu geben und auszuschenken.

Gegeben von Wilhelm IV.
Herzog in Bayern
am Georgitag zu
Ingolstadt Anno 1516

Am 23. April wird jedes Jahr diesem Meilenstein im Verbraucherschutz mit dem ↗„Welttag des Bieres“ gedacht.
Er markierte früher das Ende der „Brausaison“, die am 29. September, dem Namenstag des Hl. Michael (Michaeli) wieder begann.
Mit der Lagerung in kühlen Kellern „rettete“ man sich über den Sommer.

Behringer, Brauereigaststätte Behringer

Ansprechpartner: Ingrid Albrecht

Straße: Marktplatz 35
Ort: 92648 ↗Vohenstrauß
☎ (0 96 51) 92 47 32
🖷 -
✉ info@metrec-gmbh.de
Art: Privatbrauerei
Sitzplätze: 80
Biergarten: ja
Öffnungszeiten bei Zoiglbetrieb: einmal im Monat, Freitag bis Montag, täglich ab 10 Uhr
Öffnungszeiten Weißbiergaststätte: Sonntag bis Freitag 10 – 12 Uhr und 16 – 1 Uhr, am Samstag 10 – 1 Uhr. Kein Ruhetag!
Zoiglspezialität: Behringer Zoigl
Zoiglproduktion seit: 2008
Zoiglausschank seit: 2008
Zoiglfarbe: Bernstein, dunkel
Verkauf: Ausschank, Fässer, 5 l Partyfässer
Alkoholgehalt: 4,9 % Vol.
Spezialitäten: Behringer Weißbier, ↗ „Frauenzoigl“, Zoiglkäse nach Hausrezept.
Wissenswertes: Die traditionsreiche Brauerei Behringer blickt auf eine bereits 110-jährige Geschichte zurück. Zum Brauanwesen gehört das gut erhaltene Kommunbrauhaus von Vohenstrauß. In diesem wurde zuletzt 1956 das Bürgerbraurecht wahrgenommen.
Bis zum Jahr 2008 wurde „beim Behringer“ nur das legendäre Weizenbier gebraut. Seit Sommer 2008 gibt es auch Zoigl.

Berieselungskühler
Nach dem Abkühlen der ↗Würze im ↗Kühlschiff auf etwa 50 °C, wird der ↗Sud oft über eine Kühlschlange in deren Inneren ein Kühlmittel zirkuliert auf die erforderliche Temperatur für die ↗Gärung bei etwa 7 °C abgekühlt.

Bier
Je nach Definition ist Bier das älteste Kulturgetränk der Welt. Während Wein in einer beschränkt genießbaren Form in mit Pilzsporen versetzten Trauben bereits in der Natur vorkommt, sind beim Bier spezielle Kenntnisse und auch Apparaturen für die Gewinnung des Lebensmittels notwendig.
Bier ist seit Jahrtausenden bei Babyloniern, Sumerern und Ägyptern und später bei den Kelten und Germanen bekannt. Im ↗Gilgamesch-Epos finden sich schriftliche Hinweise über den frühen Genuss von Bier.

Bier- und Burgenstraße
Die Deutsche Bier- und Burgenstraße führt auf der B 85 von Bad Frankenhausen im Kyffhäuser Gebirge nach Passau und durchquert bei den Städten ↗Sulzbach-Rosenberg, ↗Amberg, ↗Schwandorf und ↗Cham das ↗Zoiglland.

Bierbauch
↗Kalorien

Bierbeschauer
↗Bierkieser

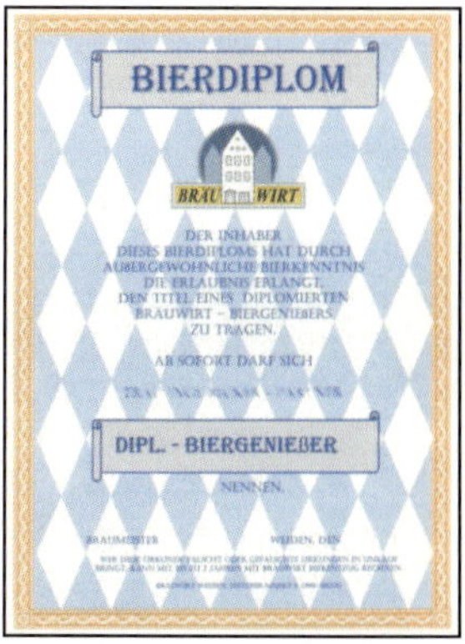

Bierdiplom, Bierkennerdiplom
Auszeichnung, die im Rahmen einer Brauerei- und Hausführung in Weiden bei der Zoiglbrauerei ↗„Bräuwirt“ verliehen wird. Fälscher dieser Urkunde müssen mit bis zu zwei Jahren Bierentzug rechnen!

Die Moosbacher Brauerei ↗Scheuerer führt in einem zweitägigen Kurs zum ‚Bierkennerdiplom'. Dabei wird Wissenswertes über die Geschichte des Bieres sowie Grundlagen über Brauverfahren vermittelt. Das Ganze mündet in einen schriftlichen Test, der durch eine Blindverkostung von fünf Biersorten abgerundet wird. Als Lohn für die Mühen wird das so genannte „Bierkennerdiplom" verliehen, das den Befähigungsnachweis zum Trinken aller Biersorten der Welt liefert.

Bierfilzl, Bierfülzl

Hochdt.: Bierfilz, Bierdeckel. Unterlage unter dem Trinkgefäß, das Kondenswasser oder überfließendes Bier aufsaugen soll. Standarddurchmesser der runden Bierfilze ist 107 Millimeter. Starke Verbreitung haben auch quadratische Bierdeckel. Sie bestehen aus saugfähiger Pappe und sind 1-1,5 Millimeter dick. Auf dem Bierfilz wird der Einfachheit halber die Anzahl der konsumierten ↗Halben mit einem Strich markiert. Der jeweils fünfte Strich verläuft quer durch die vorhergehenden vier Striche sodass ein ↗Gartenzaunmuster entsteht.

Bierkennerdiplom

↗Bierdiplom

Bierkieser

Schon im Mittelalter gab es Schlawiner, die es mit der Qualität der Bierproduktion nicht so ganz ernst nahmen. Aus diesem Grund sind bereits seit dem 14. Jahrhundert Bierbeschauer oder Bierkieser unterwegs, um Qualitätskontrolle zu betreiben. Dazu wurden angesehene Personen bestellt.

In ↗Regensburg beauftragte die Bürgerversammlung 1447 den Stadtarzt. Nachdem dieser jahre-

lang schlechte Erfahrungen in dieser Tätigkeit machte, erließ man dort 1453 eine Brauordnung, bei der die Brauer versichern mussten, ihrem Bier „weder samen noch gewürz oder gestrüpp" zuzusetzen, um den Geschmack zu beeinflussen. Nach dem Erlass des ↗Bayerischen Reinheitsgebotes im Jahr 1516 zählte zu den Aufgaben des Bierbeschauers, auf die Einhaltung dieses Erlasses zu achten.
Sein Beiname „Klebarsch" geht auf seine besondere Art zurück, „Lebensmittelkontrolle" auszuüben: Eine Bank wurde mit Bier begossen, der mit Lederhosen bekleidete Bierprüfer setzte sich drauf und ließ sich einige Maß Bier schmecken. Wenn er nach 2-3 Stunden aufstand, musste er mit dem Hosenboden an der Holzbank kleben bleiben. Dann konnte man davon ausgehen, dass das Bier die gewünschte Qualität hatte. Zumindest konnte mit dieser Methode zweifelsfrei festgestellt werden, ob der Brauer nicht der Versuchung erlegen ist, sein Gebräu mit Wasser zu strecken. Mit dieser Kleb-Methode wurden unter anderem die ↗Bierverhunzer entlarvt. Die Strafen reichten von Geldbußen bis zum Entzug des Braurechtes. Dem Volksmund nach mussten die Betrüger bis in alle Ewigkeit auf der Burg ↗Stockenfels büßen.

Bierpantscher
↗Bierverhunzer, ↗Schloudfecha, ↗Burgruine Stockenfels

Bierpantscher-Walhalla
Burgruine ↗Stockenfels

Bierspindel
Mit diesem Gerät wird Dichte und damit die Masse pro Volumeneinheit des Bieres bestimmt. Dazu ist in einem länglichen Glaskolben eine Messskala eingelassen. An dessen unterem Ende befindet sich ein exakt definiertes Gewicht, durch das der Kolben in die ↗Stammwürze eintaucht. Je größer die Dichte, um so größer ist der Auftrieb und um so weniger weit taucht die Spindel in

die Flüssigkeit ein. Die Dichte des Zoigls, ist von der Temperatur abhängig. Deshalb ist die Bierspindel auf 20 °C geeicht bzw. mit einer temperaturabhängigen Korrekturskala versehen. An der Skala der Bierspindel lässt sich in °P (↗Grad Plato) der ↗Würzegehalt ablesen. Ein Wert von 12 °P zeigt, dass 120 g gelöstes Malzextrakt in einem Kilogramm Stammwürze enthalten ist.
Mit der Bierspindel wird die Bemessungsgrundlage der zu entrichtenden ↗Biersteuer ermittelt.

Biersteuer
Diese Verbrauchsteuer wird vom Zoll erhoben. Der Biersteuer unterliegen Bier aus ↗Malz und bierhaltige Mischgetränke. Bier, das von Brauereien als Haustrunk abgegeben oder von Haus- und Hobbybrauern selbst hergestellt wird (bis 2 hl pro Kalenderjahr), ist steuerfrei.
Rechtsgrundlage für die Erhebung der Biersteuer ist das Biersteuergesetz (BierStG 1993) und die Biersteuerverordnung (BierStV). Die Höhe der Biersteuer richtet sich grundsätzlich nach dem ↗Stammwürzegehalt des Bieres. Dieser wird in ↗Grad Plato gemessen. Der Regelsteuersatz beträgt pro Hektoliter 0,787 Euro je Grad Plato. Der ↗Alkoholgehalt spielt dabei keine Rolle. Da die Zoiglbrauer in der Regel weniger als 5.000 hl Ausstoß pro Jahr erzeugen, verringert sich die Steuerabgabe auf 0,4407 EUR pro ↗Hektoliter und ↗Grad Plato. Damit wird für eine ↗Halbe Zoigl mit 12 °P Stammwürze rund 3 Cent Steuer fällig. (Stand 01.01.2004)

Bierverhunzer, Bierpantscher
So wurden die Brauer genannt, die vom ↗Bierkieser entlarvt wurden, das Bier nicht in vorgeschriebener Qualität zu brauen und auszuschenken. Der Sage nach wurden die Bierpantscher auf die Burgruine ↗Stockenfels in der südlichen Oberpfalz verbannt, um für ihre Taten zu büßen.
Dort war es sicher nicht angenehm für das Verwässern des Bieres ebenso viel Wasser aus dem Burggraben schöpfen zu müssen, wie ins Bier

geschüttet wurde. Weitaus schlimmer ist jedoch die Höchststrafe nach der der Delinquent bis in alle Ewigkeit sein gepantschtes Bier selbst trinken muss.
Die Burg Stockenfels trägt im Volksmund auch den Namen Bierpantscher-Walhalla.

Binner, Zoiglstube Binner

Ansprechpartner: Robert Sperber
Straße: Kleiau 3
Ort: 92670 ↗Windischeschenbach
☎ *(0 96 81) 14 98*
🖷 *(0 96 81) 91 77 55*
💻 *www.binnergeist.de*
Art: Kommunbrauer und Hausbrennerei, Qualitätssiegel ↗Echter Zoigl vom Kommunbrauer
Sitzplätze: 100
Biergarten: ja
Öffnungszeiten: vier Tage im Monat.
Zoiglspezialität: Zoigl
Zoiglproduktion seit: drei Generationen
Zoiglfarbe: Bernstein
Verkauf: Ausschank und Partyfässer ab 10 l
Alkoholgehalt: etwa 5,0 % Vol.

Spezialitäten: deftige Brotzeiten (Tellersulz, Brotzeitteller, hausgemachter Wilderersalat, hausgemachte Gulaschsuppe), verschiedene Obstbrände (Zwetschge, Kirsch, Obstler, Streuobst Birne, Himbeer, Williamsbirne), Kräuterschnaps, Zoiglbierschnaps, Magenbitter, Kornschnaps.
Wissenswertes: Robert Sperber führt in seiner modernen Schnapsbrennerei die Tradition der Hausbrennerei „Binner“ in der dritten Generation weiter. In den letzten Jahren wurde in eine neue Brennanlage investiert und der Hausschnaps „Binnergeist“ verfeinert. Die Schnäpse bestehen aus 100 % reinem Destillat. Den edlen Bränden werden kein Zucker oder sonstige Zusatzstoffe

zugesetzt, auch nicht dem Ausgangsprodukt, der Maische. Es werden nur reife und gesunde Früchte verwendet, aus deren Fruchtzucker der Alkohol durch Vergärung entsteht.
Nach dem Destillieren werden die hochprozentigen Brände mit reinem oberpfälzer Trinkwasser versetzt, um die gewünschte Alkoholstärke und damit einen trinkfähigen Schnaps zu erhalten. Die Schnäpse haben einen Alkoholgehalt von 40 % Vol.
Zoigltermine: telefonisch, Presse, Internet, Zoiglkalender.

Binnerlindl, Kohlberger Zoiglstub'n zum Binnerlindl

Ansprechpartner: Familie Götz
Straße: Raiffeisenstr. 1
Ort: 92702 ↗Kohlberg
☏ (0 96 08) 9 12 12 oder (0 96 08) 92 35 25
🖷 (0 96 08) 9 12 13
💻 www.zoigl-stubn-kohlberg.de
Art: Zoiglausschank
Sitzplätze:100
Öffnungszeiten: Freitag, Samstag ab 16^{00} Uhr, Sonntag ab 10^{00} Uhr.
Spezialitäten: Deftige Oberpfälzer Brotzeiten vom Sauerkraut mit Würsteln bis zu Presssack mit Musik und Oberpfälzer Bauerngeräuchertes.
Wissenswertes: Der „Binnerlindlhof" besteht nachweislich seit 1804 in Kohlberg. Zoigl gab es dort auch schon zu der Zeit, als es noch nicht modern war, Zoigl zu trinken.

Bischofshof-Zoigl, Brauerei Bischofshof e.K.

Ansprechpartner: Brauereidirektor Hermann Goß
Straße: Heitzerstraße 2
Ort: 93049 Regensburg
☏ (09 41) 20 01-100
🖷 (09 41) 20 01-190
💻 www.bischofshof.de
✉ info@bischofshof.de
Art: Stiftungsbrauerei

Ausschank: Bischofshof am Dom, Krauterermarkt 3, 93047 Regensburg
Biergarten: ja
Öffnungszeiten: täglich geöffnet
Zoiglspezialität: Bischofshof Zoigl
Zoiglproduktion seit: 2006
Zoiglfarbe: Bernstein
Verkauf: 0,5 l Bügelflasche
Alkoholgehalt: 5,1 % Vol.

blau machen
Das Motto der ↗„Altneihauser Feierwehrkapell'n"® lautet: „Die Oberpfalz hat Zoiglbier, und wer es trinkt wird schön wie wir." Doch zahllose Selbstversuche haben ergeben, dass die Augen durch Genuss von Zoigl nicht blauer werden – im Gegenteil.
Der Ursprung der Redensart geht bis ins Mittelalter zurück. Schon damals war blau die Lieblingsfarbe für Bekleidung. Um den Ausgangsstoff dafür zu gewinnen, bediente man sich eines Tricks. Um aus der Waid-Pflanze (Isatis tinctoria) besonders gut den blauen Farbstoff lösen zu können, mussten die so genannten Blaufärber alles geben – sogar ihren Urin. Der war nach alkoholischen Trinkgelagen mit besonders viel Harnstoff angereichert, was zwar zu einer besonders guten Farbe, aber weniger zur guten Stimmung am Tag danach beitrug.
Die Farbe wurde übrigens erst nach mehreren Tagen des „Blaumachens" schön intensiv.

Blutalkoholkonzentration
Durch den Konsum von Zoigl gerät Alkohol in den Blutkreislauf, der unter anderem die Muskelkontrolle und die Konzentrationsfähigkeit beeinflusst. Obwohl in Deutschland strafrechtlich erst bei 0,3 Promille die relative Fahruntüchtigkeit beginnt (für Fahranfänger in der Probezeit oder vor Vollendung des 21. Lebensjahres gilt die 0,0 Promille-Grenze), ist es ratsam, den Zoigl grundsätzlich ohne Fahrzeug zu genießen.
Nach dem ersten Schluck Zoigl dauert es 1-2 Stunden bis der Alkohol vollständig vom Körper

aufgenommen wurde. Die Abbaurate liegt für Männer bei 0,1 - 0,2 Promille pro Stunde, für Frauen gleicher Konstitution etwa 15 % niedriger. Dieser Wert ist jedoch rein theoretischer Natur, da viele Faktoren den Alkoholabbau im Körper beeinflussen und verzögern können.
Rechenbeispiel: Ein 80 kg schwerer gesunder Mann trinkt in einer Stunde zwei Halbe Zoigl mit 5 % Vol. Alkoholgehalt auf nüchternen Magen. Er nimmt dabei 40 g reinen Alkohol zu sich und erreicht rein rechnerisch (sog. Widmark-Formel) nach etwa 1,5 Stunden den Promillehöchststand von knapp 0,5 Promille. Nach etwa fünf Stunden kann man davon ausgehen, dass er wieder nüchtern ist.
Eine zierliche Frau mit etwa 50 kg Körpergewicht erreicht mit der selben Zoiglmenge fast 1 Promille und kann erst nach 8 Stunden davon ausgehen, dass sie wieder nüchtern ist.
Von einem „Herantrinken" an Promillegrenzen wird dringend abgeraten, da jeder Körper individuell reagiert und keine Garantie für das Rechenbeispiel gegeben werden kann.

Bock
↗Zoiglbock

Boderfuchs, Zoiglstüberl Zum Boderfuchs
Ansprechpartner: Andreas Füßl, Bernhard Bäuml
Straße: Hospitalstr. 5
Ort: 95643 ↗Tirschenreuth
☎ (0 171) 2 88 92 04
🖷 (0 96 81) 9 14 64
💻 www.zoigl-tirschenreuth.de
📫 baeuml@t-online.de
Art: Zoiglausschank
Sitzplätze: 65
Biergarten: ja
Öffnungszeiten: bei Zoiglausschank Freitag bis Montag ab 15^{00} Uhr
Zoiglspezialität: Boderfuchszoigl
Zoiglausschank seit: 2005
Zoiglfarbe: Bernstein
Alkoholgehalt: 4,9 % Vol.

Verkauf: nur Ausschank. Bei Bedarf werden aber mitgebrachte Flaschen abgefüllt.
Spezialitäten: Als Geschenkidee gibt es den „Boderfuchstaler" im von Wert 10 oder 20 Euro. Brotzeitteller Boderfuchs, Boderfuchsbrot wahlweise mit Leberkäs, Obatzdn, Käse, Streichwurst, Göttinger oder Griebenfett.
Wissenswertes: Das Haus in der Hospitalstraße wurde etwa im Jahr 1806 erbaut. Ab dem Jahr 1840 wurde es von dem Landarzt Dr. Fuchs bewohnt. Die damalige gebräuchliche Bezeichnung für den Arzt „Bader" oder im oberpfälzer Dialekt „Boder" (Barbier) gab dem Haus seinen Namen, der bis heute besteht.
In den weiteren Jahren wurde das Haus durch verschiedene Bürger, unter anderem durch einem gewissen ‚Träger' bewohnt, weshalb älteren Tirschenreuther Bürgern das Haus noch unter dem Namen „Trägerhaus" bekannt ist. Als vorletztem Bewohner diente es dem Musiklehrer Dahnhof als Unterkunft. Nach dem Tod von Frau Gleißner im Jahr 1987 stand das Haus lange leer.
Am 4. Juni 2005 fiel der Startschuss zum Umbau in eine Zoiglstube. Am 2. Dezember 2005 wurde es der Öffentlichkeit zugänglich gemacht und dient seither als geselliger und uriger Treffpunkt für Jung und Alt.
Zoigltermine: telefonisch, Presse, Internet.

Boozhaus, Zoiglstube Lugert

Ansprechpartner: Christa und Hans Lugert
Straße: Josef-Siller-Str. 16
Ort: 95666 ↗Mitterteich
☎ *(0 96 33) 34 97*
🖷 -
💻 -
📫 *family.lugert@onlinehome.de*
Art: Kommunbrauer, Qualitätssiegel ↗Echter Zoigl vom Kommunbrauer
Sitzplätze: 50 innen, 50 außen
Biergarten: ja
Öffnungszeiten: sechs mal jährlich je acht Tage
Zoiglausschank seit: 1999
Zoiglfarbe: Bernstein

Verkauf: nur Ausschank in eigener Zoiglstube. Haustrunk in selbst mitgebrachte Krüge etc.
Alkoholgehalt: 5,0 % Vol.
Spezialitäten: regional gebrannte Schnäpse
Wissenswertes: Hausschlachtung
Zoigltermine: telefonisch, Presse, Internet.

Bräuwirt

Ansprechpartner: Monika Baumgardt
Straße: Unterer Markt 9
Ort: 92637 ↗Weiden
☎ (09 61) 48 13 30
🖷 (09 61) 4 81 33 50
💻 www.braeuwirt.de
✉ info@braeuwirt.de
Art: Privatbrauerei
Sitzplätze: 200
Biergarten: ja
Öffnungszeiten: Montag-Freitag. ab 11^{00} Uhr, Samstag und Sonntag ab 10^{00} Uhr
Namen der Zoiglspezialitäten: St. Georgs Zoigl hell, St. Georgs Zoigl dunkel
Zoiglproduktion seit: 1993
Zoiglfarbe: Bernstein und dunkel
Verkauf: 2 Liter Siphons, Partyfässer mit 10 l, 20l oder 50 l auf Anfrage, sonst Ausschank nur im BräuWirt.
Alkoholgehalt: 4,9 %-5,1 % Vol.
Spezialitäten: Zoiglbierkäse, Zoiglbierdressing für Salate, eigene Krügel mit Logo.
Wissenswertes: Erlebnisgastronomie mit mehreren Gaststuben in Weidens Altstadt: Malztenne, Wirtsstube, St.-Georgs-Keller oder Braukeller. Hier kann man auch ein ↗Bierdiplom erwerben.
Auch Übernachtungsmöglichkeiten gibt es hier: Das im Jahr 2006 neu erbaute Altstadt HOTEL BräuWirt verwöhnt seine Gäste mit zeitgemäßem Komfort, der in den stilvollen Gästezimmern, dem Wellnessbereich oder gar der Gasthausbrauerei zu finden ist.
Der Bräuwirt liegt mitten in Weidens Altstadt und lädt nach einem Stadtbummel zum Zoiglgenuss ein.
Zoigltermin: ganzjähriger Ausschank

Braugerste
Einer der nach dem ↗deutschen Reinheitsgebot erlaubten Grundstoffe für die Zoiglherstellung ist

die Braugerste. Die zweizeilige nickende Sommergerste eignet sich besonders gut als Ausgangsstoff für das Bierbrauen.

Braupaddel
Überdimensionaler „Löffel“ der während des Brauvorgangs, sofern kein Rührwerk vorhanden ist, zum Einsatz kommt.

Braurecht
↗Kommunbraurecht

Brauvorgang (vereinfachte Darstellung)
Der erste Teil des Brauens spielt sich im ↗Sudhaus ab. Der ↗Sud wird hergestellt:
Zunächst wird das ↗Malz im ↗Maischebottich eingemaischt und mit einer kontrollierten ↗Temperaturführung auf 78 °C erhitzt. Anschließend wird die Würze im ↗Läuterbottich ↗abgeläutert. Danach wird unter Zusatz von ↗Hopfen die ↗Würze gekocht (↗Würzekochen). Im Anschluss daran wird die Flüssigkeit abgekühlt.
Jetzt beginnt die Reise des Zoigls in den Gärkeller:
Die abgekühlte Würze wird mit ↗Hefe versetzt und die Hauptgärung kann beginnen. Danach

wartet das Bier während der Lagerung, wo noch eine gewisse Nachgärung statt findet, auf den Trinkgenuss in der Zoiglstube.

Brauwasser

Der fertige Zoigl besteht zu 90 % - 92 % aus Wasser. Alleine dieser Umstand macht klar, dass dieser Grundstoff höchste Qualität aufweisen muss.

Neben pH-Wert und Nitratgehalt ist eine entscheidende Größe die Gesamtwasserhärte. Üblicherweise wird unter diesem Begriff der Gehalt des Wassers an Calcium- und Magnesiumsalzen zusammengefasst. Die Härte ist abhängig von der Gesteinsschicht und der Verweildauer des Grundwassers im Boden und wird gemessen in Grad deutscher Härte (°dH). Von 0 bis 7°dH gilt das Wasser als ‚weich', von 8-14 °dH als ‚mittelhart', von 15-21°dH als hart und Härtegrade über 21 gelten als hart. Die Härte ist von Ort zu Ort verschieden.

Insgesamt ist ein weicheres Wasser grundsätzlich besser zum Brauen geeignet als härteres Brauwasser. ↗Weiden i. d OPf kommt mit 8,1 °dH nahe an den Idealwert heran. ↗Cham liegt mit 10,2 °dH beispielsweise noch im für Brautätigkeiten akzeptablen Mittelfeld.

Brucksaler, Zoiglstubn beim Brucksaler

Ansprechpartner: Thomas Lang, Michael Lang
Straße: Bahnhofstr. 13
Ort: 92660 ↗Neustadt/WN
☎ *(0 96 02) 92 01 35*
🖷 -
💻 *www.brucksaler.de*
📫 *zoigl@brucksaler.de*
Art: Zoiglstube
Sitzplätze: etwa 120 (Zwei Räume: Stube und Gewölbekeller)

Biergarten: im Innenhof 100 Sitzplätze mit idyllischer Kastanienlaube
Öffnungszeiten: einmal im Monat (meist drittes Wochenende) Freitag bis Montag ab 10 Uhr
Zoiglausschank seit: 2005 (Wiedereröffnung)
Zoiglfarbe: Bernstein
Verkauf: nur Ausschank
Alkoholgehalt: ungefähr 4,8 % Vol.
Spezialitäten: Wechselnde warme Gerichte. Dauerspezialitäten: deftige Hausmachersulz, Brotzeitteller, Obatzda.
Im Sommer: Spezialitäten aus dem eigenen Holzbackofen (Zwiebelkuchen, Flammkuchen). Diverse Obstbrände und Liköre vom Kriechenbauer (Störnstein, ↗Streuvados).

Wissenswertes: Seit etwa 1832 wurde auf dem Anwesen Bahnhofstraße 13 in Neustadt an der Waldnaab das Seilerhandwerk ausgeübt. Aufgrund der Nähe zur Waldnaabbrücke entstand der Hausname „Brucksaler". Alle Nachfahren betrieben bis 1993 das Seilerhandwerk.
Im Jahr 1865 erwarb Thomas Wiedenhofer urkundlich für das Anwesen das Zoiglbraurecht. Es waren 52 Zoiglschankberechtigte, die nach Auflösung des Fürstentums Lobkowitz, das fürstliche Brauhaus kauften.
1904 wurde das Brauhaus an die Stadt ↗Neustadt verkauft, die es fortan als Kommunbrauhaus weiterführte.

Der letzte Wiedenhofer - Robert - war Brau- und Seilermeister. Bis zum Abriss des ↗Kommunbrauhauses im Jahr 1961 hat er das Zoiglbier für die noch verbliebenen elf Zoiglwirte gebraut und selbst in der eigenen Zoiglstube beim Brucksaler ausgeschenkt. Von den Ausschankberechtigten durften neben Zoiglbier auch Wurst, Heringe und Käse verkauft werden.
Zoigltermine: telefonisch, Presse, Internet, Zoiglkalender.

Bürstenbinder, Beim Bürstenbinder
Ansprechpartner: Richard Luber
Straße: Am Graben 5
Ort: 93183 ↗Kallmünz
☎ (0 94 73) 85 52
🖶 -
💻 -
📫 -
Art: Zoiglstube
Sitzplätze: 30
Biergarten: drei Tische!
Öffnungszeiten: jeden Tag ab 11^{00} Uhr. Kein Ruhetag!
Zoiglausschank seit: 1995
Zoiglfarbe: dunkel
Verkauf: nur Ausschank
Alkoholgehalt: 4,8 % Vol.
Spezialitäten: Die Speisekarte reicht von Salat, über Suppen bis zu den legendären „Bauchstechala". Letztere gibt es in zahlreichen Varianten mal mit Sauerkraut, mal mit Knoblauch.
Wissenswertes: Der „Bürstenbinder" ist ein uriges Wirtshaus in Kallmünz, wo Zoigl vom ↗Goldenen Löwen ausgeschenkt wird. Es ist angeblich die kleinste Gaststätte der Oberpfalz mit einer Tür, an der sich die meisten Besucher den Kopf anstoßen. Im Jahrhunderte alten Gebäude befindet sich ein großer Ofen und einige Holztische.

Bürstenbinder, Saufen wie ein Bürstenbinder
Als Zunfthandwerk ist der Bürstenmacher oder –binder im 16. Jahrhundert nachzuweisen. Er belegte zusammen mit dem Korbmacher die niede-

ren Ränge unter den Zünften, da mit der Herstellung seiner Ware kein großer Reichtum zu gewinnen war.
Während des Fertigens der Bürsten und Besen entstand beim Einziehen der Borsten in die Besenform trockener Staub, was zu den sprichwörtlichen trockenen Kehlen führte. Der „Schmiervorgang" führt zu dem bekannten Ausdruck: „Der säuft wie ein Bürstenbinder!"
Die englischsprachige Entsprechung dieses Sprichwortes zeigt die Dimension des Konsums: „He drinks like a fish!".

Cham
Kreisstadt des gleichnamigen Landkreises mit 17.245 Einwohnern (2006). Die erste Erwähnung eines ↗Kommunbraurechts in Cham geht auf das Jahr 1331 zurück: Herzog Heinrich von Bayern legt in einer Urkunde vom 2. Juli 1331 fest, dass der Kastner, die Zöllner oder auch andere Amtsleute, die in der Stadt Brau- oder Schankrecht besitzen, ebenfalls Steuern zu entrichten haben.
Im Jahr 1332 erhalten in einem Freiheitsbrief die Bewohner, die das Bürgerrecht besitzen und ein ehrsames Gewerbe betreiben, das Recht Bier zu brauen.
Als die Stadt Cham 1512 brannte, gab es vier Brauhäuser und 60 Gaststätten.
Durch Missernten in den Jahren vor 1570 wurde festgelegt, dass Handwerker nur noch zwei Sud, Weinschenkenwirte drei und ein Bierschenk zehn Sud Bier herstellen darf, das Brauen wurde auf drei Tage die Woche beschränkt.
1658 beschlossen der Rat der Stadt auf Anordnung des Kurfürsten, dass jeder brauende Bürger 10 Kreuzer an die Stadt zahlen muss, um die 1657 abgebrannten Gebäude wieder aufbauen zu können. Dies führte 1661 zu einem Aufstand der Brauer, da fünf von 27 brauenden Bürgern die 10 Kreuzer nicht zahlen wollten.
1723 wurde eine Brauordnung eingeführt, auf die die Braumeister, Braugehilfen und Brauknechte vereidigt wurden. Um einen Preiskampf zu ver-

hindern wurde ab 1723 die Reihenfolge des Brauens und Ausschenkens ausgelost.
Da das städtische Brauhaus von 1747 an viel Geld kostete, ordnete die Regierung in München an, dass die brauenden Bürger das Brauhaus übernehmen sollen und es instand halten müssen. Außerdem sollte erreicht werden, dass die Zahl der Brauer von 37 auf 20 zurückgeht. Die Chamer ignorierten diesen Paragraphen und so wurden sie 1757 erneut aufgefordert eine Satzung aufzustellen, aus der zu ersehen sein musste, wer wann sein Braurecht verliere.
Im Jahr 1819 sind aber immer noch 29 Bierbrauer vorhanden, was auf die Zähigkeit der Chamer schließen lässt.
1842 lassen 26 Kommunbrauer in zwei ihnen gehörenden Brauhäusern Bier durch zwei eigens bestellte Braumeister brauen. Im größeren Kommunbrauhaus können 11-12 Schäffel Malz abgesotten, 90 Schäffel Gerste auf einmal geweicht und gemälzt, 66 Eimer Bier erzeugt werden. Das kleinere Kommunbräuhaus ist für die Verbrauchung von 5½ - 6 Schäffel Malz eingerichtet.
Um 1900 übten nur noch vier bis sechs Kommunbrauer ihr Recht aus. Das alte Kommunbrauhaus am Regen wurde von der Stadt gekauft und in ein Schulhaus umgebaut.
Ein neues, im Jahr 1878 errichtetes Brauhaus lag in der Nähe des heutigen Parkplatzes am Floßhafen.

Charakteristik

Der Zoigl ist ein überwiegend helles bis bernsteinfarbenes, hopfenbetontes Bier, meist vollmundig, hefeblumig, mit ausgeprägtem Malzaroma.
Hervorstechendes Merkmal ist die trübe Einfärbung, die durch Unterlassen des bei Industriebieren üblichen Filtriervorgangs entsteht.
Dadurch wird nach Kennereinschätzung eine höhere Geschmacksfülle erreicht, da wertvolle Stoffe dem Bier erhalten bleiben.
Auch dunkle Varianten des Zoigls sind möglich.

Dameradl, Zoiglwirtschaft Dameradl

Ansprechpartner: Familie Kaiser
Straße: Markt 66
Ort: 95679 ↗Waldershof
☎ (0 92 31) 7 24 00
🖷 (0 92 31) 7 24 00
💻 -
📫 -

Art: Kommunbrauer
Sitzplätze: 150-180 im Gartenzelt!
Biergarten: ja
Öffnungszeiten: bei Zoiglausschank im Mai und August von Freitag bis Sonntag ab 9^{00} Uhr
Zoiglspezialität: Dameradl Zoigl
Zoiglproduktion seit: 1993
Zoiglfarbe: Bernstein
Verkauf: im Sommer Ausschank. Im Winter von Mitte November bis Mitte Januar täglich (außer Sonntag) von 18^{30} bis 20^{00} Uhr in Flaschen.
Alkoholgehalt: 5,3 % Vol.
Spezialitäten: Hausmachersulz
Wissenswertes: Braurecht seit über 500 Jahren
Zoigltermine: telefonisch, Presse, Internet.

Darre, darren

Durch den Entzug von Feuchtigkeit wird das ↗Grünmalz lager- und braufähig gemacht. Heiße Luft durchströmt das auf Gittern aufgeschichtete angekeimte Getreide. Das Darren geschieht sehr schonend, da die Enzyme, die später für den erfolgreichen Brauvorgang mit entscheidend sind, sehr temperaturempfindlich sind. Die Temperaturhöhe und Dauer des Darrens haben Einfluss auf die spätere ↗Zoiglfarbe.

Doppelbock-Zoigl

Mit 7,3 % Vol. die stärkste Variante der Zoiglbiere und Spezialität des ↗Pirker Brauhaus. Um den Namen ‚Doppelbock' tragen zu dürfen, muss die Stammwürze mindestens 18 °P betragen. Der Name ‚Bock' geht vermutlich auf die Stadt Einbeck zurück, wo als erstes ein Starkbier gebraut wurde.

Echter Zoigl

Das Original-Zoiglbier (der „echte Zoigl", auch ‚Kommunbraubier' oder in Eslarn ‚Kommune' genannt) ist ein ↗untergäriges, ungefiltertes und ↗ungespundetes Bier, das noch mit ↗Holzfeuerung in ↗Kommunbrauhäusern hergestellt wird. Nach dem ↗Bayerischen Reinheitsgebot wird hierzu nur der bester ↗Hopfen, ↗Malz, ↗Wasser und ↗Hefe verwendet.

Nach Angaben der unter der Marke „Echter Zoigl vom Kommunbrauer" (siehe Logo) zusammengeschlossenen Zoiglhersteller wird nur noch in fünf Orten in der Oberpfalz das Zoiglbier nach mittelalterlichem Braurecht in Kommunbrauhäusern gebraut.

Das sind neben ↗Mitterteich, ↗Falkenberg und ↗Eslarn die „Hauptstadt des Zoiglbiers" ↗Windischeschenbach und deren Ortsteil ↗Neuhaus. Hier ist das stets fest an Haus und Grund gebundene Braurecht bis 1415 nachweisbar.

Die unter dem Qualitätssiegel ‚Echter Zoigl vom Kommunbrauer' auftretenden Erzeuger garantieren:

- Zoiglbier direkt vom Brauer und im Kommunbrauhaus am Ort gebraut
- einen Zoiglwirt, dessen Schank- und Braurecht im Grundbuch eingetragen ist
- einen Wirt, für den seine Berufung als ‚echter Kommunbrauer und Zoiglwirt' Vorrang vor kommerziellen Interessen hat.

Diese Verpflichtung haben sich bislang 19 Zoiglwirte an fünf Orten auferlegt:

Eslarn:

Beim ↗Ströhern

Falkenberg:

↗Kramer Wolf

Mitterteich:

↗Boozhaus
↗Hartwich-Zoigl
↗Oppl Zoigl

Neuhaus:

Zoiglstube ↗Bahler
Beim ↗Käck'n
↗Schafferhof
Zoigl-Bräukeller ↗Schoilmichl
Zoiglstube ↗Teicher

Windischeschenbach:

Beim ↗Gloser
Zoiglstube ↗Binner
Da ↗Roude
Zum ↗Fiedlschneider
Hotel ↗Oberpfälzer Hof
↗Schlosshof Zoigl
Zoiglstube ↗Stern
Gasthof ↗Weißer Schwan
Zum ↗Posterer

Eisenbahn, Zoiglwirtschaft d' Eisenbahn

Ansprechpartner: Gerald Jobst
Straße: Bahnhofstr. 18
Ort: 92648 ↗Vohenstrauß
☎ *(0 96 51) 92 41 26*
🖷 -
💻 *www.d-eisenbahn.de*
📫 *info@d-eisenbahn.de*
Art: Zoiglwirtschaft
Sitzplätze: 60
Biergarten: ja
Öffnungszeiten: An Zoiglwochenenden am Freitag und Montag ab 16^{00} Uhr, Samstag und Sonntag und Feiertag ab 12^{00} Uhr
Zoiglspezialität: Eisenbahnerzoigl
Zoiglausschank seit: 19. März 2007
Zoiglfarbe: Bernstein
Verkauf: Ausschank in der Zoiglstube und 2 l und 3 l Flaschen zum Mitnehmen.
Alkoholgehalt: 4,7 % Vol.
Spezialitäten: Käsekrainer, Knacker oder Bauernseufzer mit Kraut und Brot

Deftiger Brotzeitteller mit Wurst und Käs', Wurstsalat mit Brot, Sulz' mit Brot. Dazu gibt's Zoigllikör und ↗„Schwarzfahrer'.
Wissenswertes: Am 2. Juni 1707 - wurde das Gebäude, in dem sich die heutige Zoiglwirtschaft „d' Eisenbahn" befindet, erstmals urkundlich erwähnt. Unter der Bezeichnung „Weißes Brauhaus" ging es als die erste Weißbierbrauerei in Vohenstrauß in die Geschichte ein. Noch heute besteht auf diesem Haus das Braurecht.

Vor dem großen Stadtbrand von 1839 blieb es verschont. Während seiner langen Geschichte fungierte das Gebäude als Gaststätte und ist den alteingesessenen Bürgern aus Vohenstrauß und dem Umland als Gasthaus „Zur Eisenbahn" im Volksmund kurz „d' Eisenbahn" bekannt.
Die Räumlichkeiten „d' Eisenbahn" eignen sich für private Veranstaltungen und Familienfeiern, aber auch für Betriebs- bzw. Vereinsfeste, Jubiläumsveranstaltungen, Weihnachtsfeiern und sonstigen Gegebenheiten.
Für diese Veranstaltungen kann man außerhalb der regulären Zoigltermine einen Termin vereinbaren.
Hier gibt es auch Geschenkgutscheine für Brotzeiten.
Der besondere Service: Bierdeckelfreunde sind ausdrücklich willkommen. Um ihre Sammlung zu vervollständigen erhalten sie gerne ein Exemplar des hauseigenen ↗Bierfilzls.
Zoigltermine: telefonisch, Presse, Internet.

Eismann, Brauerei
Ansprechpartner: Michael Eismann
Straße: Buchsteig 9
Ort: 92665 Altenstadt/WN
☏ (0 96 02) 63 67 97

🖶 -
💻 *www.brauerei-eismann.de*
📫 *info@brauerei-eismann.de*
Art: Privatbrauerei
Sitzplätze: -
Biergarten: -
Öffnungszeiten: Mittwoch bis Samstag 8^{30}-12^{00} Uhr, Mittwoch bis Freitag 14^{30}-18^{00} Uhr
Zoiglspezialität: Eismannzoigl
Zoiglfarbe: Bernstein
Zoiglproduktion seit: 2006
Verkauf: 1 l Bügelflaschen, 5 l Partyfässer, 10 l bis 50 l Fässer
Alkoholgehalt: 5,1 % Vol.
Spezialitäten: -
Wissenswertes: Den Zoigl der Brauerei Eismann kann man in folgenden Gaststätten genießen: Rathausstuben (Altenstadt/WN), Schwedentisch (Weiden/OPf).
Besonderheit: Diese Brauerei gibt es seit Oktober 2006. Besitzer Michael Eismann ist gelernter Brauer und Mälzer. Mittlerweile arbeitet er allerdings am Münchner Flughafen als Verkehrsdisponent. Die Leidenschaft für das Brauen hat ihn jedoch nie ganz losgelassen. Deshalb produziert er jetzt in seinem Keller den begehrten Gerstensaft.
Egal ob ober- oder untergärig, Michael Eismann kann jede Biersorte brauen, sogar auf Bestellung - dann allerdings erst ab einer Menge von 100 Litern.

Eschenbach i. d. OPf.
Kreisstadt im Landkreis ↗Neustadt a. d. Waldnaab mit 3.985 Einwohnern (2007). Im Jahr 1966 wurde das dortige ↗Kommunbrauhaus still gelegt. Das Malzhaus wurde als Kulturzentrum restauriert.

Eslarn

Markt und staatlich anerkannter Erholungsort im Landkreis ↗Neustadt a. d. Waldnaab, 2.957 Einwohner (2007). Bekannt ist der über 750 Jahre alte Ort in der Region unter anderem durch die ehemalige Bahnstrecke des „Eslarner Bockl". Sie wird heute als so genannter Bocklradweg genutzt. Der älteste Hinweis auf eine ↗Kommunbrautradition findet sich aus dem Jahre 1522. Es gibt noch ein aktives ↗Kommunbrauhaus. Als besondere Spezialität wird hier der ↗Rebhuhnzoigl gebraut. In Eslarn nennt man den Zoigl auch ‚Kommune'. Zahlreiche Brauberechtigte brauen noch Zoigl als ↗Haustrunk.
Zoigl gibt's hier:
Beim ↗Ströhern
↗Kommunbrauerei Eslarn
Brotzeitstüberl zum ↗Zäpferten

Fälschung
Champagner gibt es nur in der Region Champagne in Frankreich und ↗Echten Zoigl gibt es nur im ↗Oberpfälzer Wald. In der übrigen Oberpfalz und maximal in den befreundeten Grenzgebieten Frankens und Niederbayerns gibt es in der Regel ‚nur' Brauereizoigl.
Der Zoigl muss verschiedene Kriterien erfüllen, um dem Anspruch ‚Zoigl' gerecht zu werden. Zoigl aus dem ‚außeroberpfälzischen Raum' kann nur dem Namen nach diesen Anspruch erfüllen. Nicht zuletzt gibt es (sprachliche) Grenzen. Der ↗Name ‚Zoigl' leitet sich eindeutig aus dem oberpfälzischen Wort ‚zoign' für ‚zeigen, anzeigen' ab.

Sogenannter ‚Zoigl' aus Amerika und Kaufbeuren und Umgebung kann daher definitiv nicht als Zoigl angesehen werden. Das Hofbrauhaus in Las Vegas (Anschrift: 4510 Paradise Road Las Vegas, NV 89169, www.hofbrauhaus-lasvegas.com) schenkt auch bayerisches Bier aus und ist nur eine fade Kopie.
Und welcher vernünftige Japaner lässt sich in der Wüste Nevadas vor dem sogenannten ‚Hofbrauhaus' (mit ‚a' nicht mit ‚ä'!) mit stolz geschwellter Brust fotografieren?

Falkenberg
Marktgemeinde im Landkreis ↗Tirschenreuth, 958 Einwohner (2007).

Beherrscht wird der Ort von der mächtigen Silhouette der Burg. Die Kommunbrautradition geht bis ins Mittelalter zurück. Mit der Verleihung des Marktrechtes im Jahr 1467 erhielt Falkenberg das Recht Bier zu brauen. Dieses Recht ist seit vielen Jahrhunderten in Besitz verschiedener Familien. Das Kommunbrauhaus ist eines der ältesten der Oberpfalz.
Das denkmalgeschützte Gebäude wurde im Jahr 2000 komplett restauriert.
Zoigl gibt's hier:
Zoiglstube ↗Kramer Wolf

Farbmalz
↗Röstmalz

Felsenkeller
Nachdem die Zoiglbrauer bis in die 2. Hälfte des 19. Jahrhunderts auf die kalte Jahreszeit angewiesen waren, um bei passenden Temperaturen ↗Gärprozess und Lagerung durchzuführen, verlängerte man die Saison für Erzeugung und Bevorratung im hauseigenen Felsenkeller

Dort herrschen Winter wie Sommer konstante Temperaturen zwischen 7°C - 9°C.

Erst mit der Erfindung der modernen Kältetechnik durch Carl Gottfried von Linde (1842-1934) wurden die Brauer unabhängig von Ort und Jahreszeit.

(Foto: Felsenkeller vom ↗Schafferhof).
Ein imposantes Beispiel für eine Felsenkelleranlage befindet sich in ↗Schwandorf.

Fiedlschneider, Zoiglstube zum Fiedlschneider

Ansprechpartner: Josef Sperber
Straße: Stadtplatz 15
Ort: 92670 ↗Windischeschenbach
☏ (0 96 81) 24 69
🖳 www.waldnaab-taler.de/zoigl/fiedl.html
Art: Kommunbrauer, Qualitätssiegel ↗Echter Zoigl vom Kommunbrauer

Sitzplätze: 70
Biergarten: ja
Öffnungszeiten: Freitag bis Montag ab 10^{00} Uhr
Zoiglspezialität: Fiedlschneiderzoigl
Zoiglproduktion seit: über 100 Jahren
Zoiglfarbe: Bernstein
Verkauf: nur Ausschank
Alkoholgehalt: 4,9 % Vol.

Spezialitäten: Brotzeiten aus privater Hausschlachtung.
Wissenswertes: Die Räumlichkeiten stehen auch für private Feiern oder für Vereinsveranstaltungen zu Verfügung.
Zoigltermine: telefonisch, Presse, Internet, Zoiglkalender.

Filtration
Ein Merkmal des ↗Echten Zoigls ist, dass dieses Bier nicht oder kaum gefiltert wird. Durch die enthaltenen Schwebstoffe (v. a. ↗Hefe) erscheint der Zoigl trüb.
Die Filtration ist eigentlich nicht nötig, da gerade gesunde Stoffe wie Eiweiß und Gerbstoffe ausgefiltert werden. Kenner behaupten, dass gerade dies den einzigartigen Geschmack der Zoiglbiere ausmacht.

Floß
Markt im Landkreis ↗Neustadt a. d. Waldnaab, 3.567 Einwohner (2007).
Die Gründung des Ortes liegt nachweislich über 1000 Jahre zurück. Sehenswert ist der jüdische

Friedhof am Ortsausgang, dessen ältester Grabstein die Jahreszahl 1692 trägt.
Zoigl gibt's hier:
Zum ↗Gogerer

Flossenbürg

Gemeinde im Landkreis ↗Neustadt a. d. Waldnaab, 1.739 Einwohner (2007). Hoch über dem Ort thront die mächtige Burgruine, das Wahrzeichen des ↗Oberpfälzer Waldes. Bekannt ist der Ort auch durch das unter dem Naziregime erbaute Konzentrationslager und der heutigen Gedenkstätte mit Dokumentationszentrum.

Einen Besuch – nicht nur im Winter - ist das Skilanglauf-Zentrum ‚Silberhütte' wert. Dort kann man im Winter ausgedehnte Langlauftouren und im Sommer wunderbare Wanderungen unternehmen und im Gasthof ‚Silberhütte' Sommer wie Winter einkehren.
Am idyllisch gelegenen Gaisweiher zu Füßen der Burgruine liegt einer der schönsten Campingplätze des Oberpfälzer Waldes. Auch dort kann man bei ausgedehnten Spaziergängen Ruhe vom Stress des Alltags suchen und sicher finden.
Zoigl gibt's hier:
Zoiglstube ↗Stromhias

Frauenstein, Landgasthof zum Frauenstein

Ansprechpartner: Alfons Zilk
Straße: Hauptstr. 8
Ort: 92557 ↗Weiding
☏ *(0 96 74) 92 11-0*
🖷 *(0 96 74) 92 11-40*
💻 *www.landgasthof-frauenstein.de*

info@landgasthof-frauenstein.de
Art: Landgasthof
Sitzplätze: 110
Biergarten: nein
Öffnungszeiten: täglich ab 8^{00} Uhr geöffnet, Mittwoch Ruhetag.
Zoiglspezialität: Zoigl
Zoiglfarbe: dunkel
Verkauf: nur Ausschank
Alkoholgehalt: 5,0 % Vol.
Spezialitäten: Zilks Zoigl Pauschale: drei Übernachtungen mit Halbpension im Doppelzimmer, incl. Begrüßungsstamperl, vier Krüge Zoiglbier, drei viergängige Schmankerlmenüs, eine deftige Brotzeit mit Schlachtplatte, selbst eingestampftem Sauerkraut und Dotsch, ein Brotzeitpackerl zum Mitnehmen auf die Heimreise.
Wissenswertes: Der Landgasthof mit eigener Metzgerei wurde 1838 gegründet und wird als Familienbetrieb in der fünften Generation geführt.
Zoigltermine: telefonisch, Presse, Internet.

Frauenzoigl
Eine neue Spezialität der Brauerei ↗Behringer in ↗Vohenstrauß. Dieser Zoigl hat eine dunkle Farbe und ist aus dem Wunsch heraus entstanden, „ein süffiges und würziges Bier zu brauen, das ‚trotzdem' rund und sanft schmeckt."

Friedenfels
Gemeinde im Landkreis ↗Tirschenreuth, 1.336 Einwohner (2007). Sie liegt am Rande des herrlichen Naturparks Steinwald und bezieht ihren Namen vom gleichnamigen Schloss.
Dessen Gründung geht wohl bis ins Jahr 1586 zurück, wo sich nach einem Erbstreit zwischen den Brüdern Christoph und Friedrich Nothafft der Jüngere eine neue Bleibe erbaute.
Diese erhielt nach der Beilegung der Auseinandersetzung und Wiederherstellung des Familienfriedens den Namen „Schloss Friedenfels" was dem Ort den Namen gab.
Zoigl gibt's hier:
↗Schlossbrauerei Friedenfels

Gärdauer
Die Zeit, bis die ↗Würze vergoren ist, hängt von der Temperatur im ↗Gärkeller ab.
Die bei der Vergärung verwendete untergärige ↗Hefe benötigt bei einer Temperatur in entsprechender Umgebung zwischen 4°C - 9°C etwa 8 - 14 Tage.

Gärkeller
Ist der Abkühlvorgang beendet, kommt die kalte ↗Würze in den Gärbottich und wird mit ↗Hefe versetzt. Da beim Zoigl untergärige Hefe zum Einsatz kommt, erfordert der ↗Gärprozess eine konstante Temperatur zwischen 4 °C und 9 °C. Dies wurde am besten durch die Unterbringung des Gärbottichs im kühlsten Raum des Hauses erreicht.
Der schützte übrigens die Brauflüssigkeit im Winter auch vor dem Frost. Bei den oberpfälzer ↗Kommunbrauern war der Gärkeller oft in einem zum Haus gehörigen ↗Felsenkeller untergebracht.
Da bei der Gärung Kohlendioxid in größeren Dosen entweicht, ist der Gärkeller ein nicht unbedingt gesundheitsfördernder Ort. Kohlendioxid ist schwerer als Sauerstoff und konzentriert sich in geschlossenen Räumen am Boden. Nachdem es zudem geruch-, farb- und fast geschmacklos ist, wird eine Vergiftung nicht sofort bemerkt.
Ist zu viel Kohlendioxid im Blut, wird der Betroffene bewusstlos. Eine Umgebung mit normaler Atemluft ist dann lebensrettend.
Wegen der drohenden Vergiftungsgefahr wird der Gärkeller erst nach ausgiebiger Lüftung betreten.

Gärung, Gärprozess
Beim Gärprozess setzt die ↗Hefe den Malzzucker in Alkohol und Kohlensäure um. Der Ablauf und die Dauer der Gärung wird über Temperaturregelung gesteuert. Da Zoigl mit untergäriger ↗Hefe gebraut wird, die besonders aktiv bei 4 °C-9 °C ist, findet dieser Prozess unter ständiger Kühlung bzw. in entsprechender Umgebung (↗Gärkeller) statt.

Die Gärung ist je nach Umgebungstemperatur, ↗Stammwürzegehalt und Verlauf des Prozesses nach 8 - 14 Tagen abgeschlossen.

Gartenzaun
Auf dem ↗Bierfilz wird der Einfachheit halber die Anzahl der konsumierten ↗Halben mit einem Strich markiert. Der jeweils fünfte Strich verläuft quer durch die vorhergehenden vier Striche so-dass ein Gartenzaunmuster entsteht.

Geisterwanderung
Burgruine ↗Stockenfels

Gerste
↗Braugerste

Gerstenmalz
↗Malz

gespundet
↗spunden

Gilgamesch Epos
Die Erzählsammlung berichtet über den sumerischen König von Uruk, der etwa 2600 Jahre vor Christi Geburt gelebt haben soll. Über den Diener von König Gilgamesch steht folgendes über ↗Bier geschrieben: „Iss das Brot, Enkidu, das ist das Leben, und trinke Bier, wie es Brauch ist im Lande. Enkidu aß das Brot, bis er satt war, und trank Bier sieben Krüge voll. Da entspannte sich sein Inneres und sein Herz frohlockte, sein Antlitz strahlte und er wurde heiter..." Das Kulturgetränk Bier ist also schon mehrere Tausend Jahre alt!

Gloser, Zoiglwirtschaft beim Gloser
Ansprechpartner: Familie Popp
Straße: Lehnerberg 2
Ort: 92670 ↗Windischeschenbach
☎ *(0 96 81) 31 70*
🖷 *(0 96 81) 37 21*
💻 *www.beimgloser.de*
📪 *info@beimgloser.de*

Art: Kommunbrauer, Qualitätssiegel ↗Echter Zoigl vom Kommunbrauer
Sitzplätze: 100
Biergarten: ja
Öffnungszeiten: beim Zoiglausschank Freitag ab 14^{00} Uhr, Samstag bis Montag ab 10^{00} Uhr.

Zoiglspezialität: Hauszoigl
Zoiglproduktion seit: 9. Mai 2003
Zoiglfarbe: Bernstein
Verkauf: Ausschank, Partyfässer 5 l, 10 l, 30 l, 50 l
Alkoholgehalt: 5,0 % Vol.
Spezialitäten: Alkopopp (mit Wasser verdünnter Zoigl - der absolute Renner!), echte Oberpfälzer Brotzeiten.
Wissenswertes: Der Name ‚Beim Gloser' leitet sich aus der beruflichen Tätigkeit der Inhaber ab, die eine Glaserei betreiben.
Zoigltermine: telefonisch, Presse, Internet, Zoiglkalender.

Gogerer
Zoigl- und Brotzeitstüberl zum Gogerer

Ansprechpartner: Wolfgang Aichinger
Straße: Frh.-v.-Lichtenstern-Str. 20
Ort: 92685 ↗Floss
☎ (0 96 03) 23 57
🖷 (0 96 03) 23 57
💻 www.zumgogerer.de
📫 w_aichinger@web.de
Art: Ausschank
Sitzplätze: 45
Biergarten: geplant
Öffnungszeiten: Montag, Donnerstag, Freitag ab 11^{00} Uhr, Mittwoch ab 14^{00} Samstag ab 16^{00} Uhr, Sonntag ab 10^{00} Uhr, Dienstag Ruhetag, alle vier Wochen Zoiglausschank.
Zoiglspezialität: Zoigl von der ↗Wolframstubm
Zoiglfarbe: Bernstein

Verkauf: nur Ausschank
Spezialitäten: Broaudzeitteller, Platt'n Greicherts, Sauana Kas (Romadur), Afgschmalzne Knoblauchsuppn mit geröstetem Schwarzbrot, Hausmacher Erdäpflsuppn, Hausmacher Gulaschsuppn.
Wissenswertes: eigene Metzgerei.

Goldener Löwe
Gasthof und Brauerei zum Goldenen Löwen
Ansprechpartner: Richard Luber
Straße: Alte Regensburger Str. 18
Ort: 93183 ↗Kallmünz
☏ (0 94 73) 3 80
🖷 (0 94 73) 9 00 90
💻 www.luber-kallmuenz.de
📫 goldener-loewe.luber@gmx.de
Art: Privatbrauerei und Ausschank
Sitzplätze: alte Gaststube 45, Gewölbe 17, Gärstatt 60-70
Biergarten: Hofterrasse
Öffnungszeiten: täglich ab 18^{00} Uhr, Montag Ruhetag, Sonn- und Feiertage auch mittags geöffnet
Zoiglspezialität: Haus-Zoigl
Zoiglproduktion seit: 1995
Zoiglfarbe: dunkel
Verkauf: Ausschank im Gasthaus und Verkauf an Privat in Fässer ab 30 l.
Alkoholgehalt: 4,8 % Vol.
Spezialitäten: Zoiglbiersirup, Bauchstechala in verschiedenen Variationen
Wissenswertes: Bräustüberl täglich ohne Ruhetag ab 11^{00} Uhr geöffnet. Einen Besuch wert ist die kleinste Wirtschaft der Oberpfalz „Beim ↗Bürstenbinder". Dort wird der im „Goldenen Löwen" gebraute Zoigl ebenfalls ausgeschenkt.

Zoigltermine: telefonisch, Presse, Internet.

Grad Plato
Grad Plato ist die Einheit des Würzegehalts der ↗Stammwürze. Die Abkürzung für die Einheit ist °P. Benannt wurde sie nach dem deutschen Chemiker Dr. Fritz Plato. Gemessen wird der ↗Stammwürzegehalt mit der ↗Bierspindel.

Grafenwöhr
Stadt im Landkreis ↗Neustadt a. d. Waldnaab, 6.821 Einwohner (2007). Bekannt vor allem durch den 1908 gegründeten Truppenübungsplatz, der heute von der US Army genützt wird. Nachweis-

lich besteht ein ↗Kommunbraurecht ab 1535. Im Jahr 1941 wurde im dortigen ↗Kommunbrauhaus das letzte Mal gebraut.

Grünmalz
Durch das Einweichen in Wasser und dem damit verbundenen Quellen und Keimen wird aus der ↗Braugerste das Grünmalz. Erst durch diesen Vorgang wird die Gerste für den ↗Brauvorgang verwendungsfähig. Die Feuchtigkeit wird zur Haltbarmachung auf der ↗Darre wieder entzogen.

Guss
Die zum ↗Maischen benötigte Menge ↗Brauwasser.

Halbe
Überwiegend in Bayern gebräuchliche Maßeinheit für Bier: ½ Liter.

Hammerles
Gemeindeteil des Marktes ↗Parkstein. Etwa 2,5 km in westlicher Richtung entfernt. Wunderbarer Blick auf den Basaltkegel Parkstein.
Zoigl gibt's hier:
Zum ↗Vinzenz

Hartwich-Zoigl

Ansprechpartner: Thomas Seitz
Straße: Angergasse 1
Ort: 95666 ↗Mitterteich
☎ *(0 96 33) 23 08 oder (0 96 33) 91 86 16*
🖷 *(0 96 33) 91 88 56*
💻 *www.hartwich-zoigl.de*
📫 *t.seitz@vr-web.de*
Art: Kommunbrauer, Qualitätssiegel ↗Echter Zoigl vom Kommunbrauer
Sitzplätze: 55
Biergarten: ja
Öffnungszeiten: Montag bis Samstag ab 9^{00} Uhr
Zoiglspezialität: Hartwich-Zoigl
Zoiglproduktion seit: 1967
Zoiglfarbe: Bernstein
Verkauf: Flaschen 2 l, 3 l, Partyfässer 10 l, 15 l, 20 l, 30 l, 50 l
Alkoholgehalt: 5,1 % Vol.
Spezialitäten:
Zoiglkrüge in verschiedenen Größen, Geschenkkörbe, Wurst und Fleisch in Dosen und Gläsern.

Wissenswertes:
1821 erwarben die Zeusschen Erben für 3.200 Gulden das Schusterbartlhaus am Anger mit der Hausnummer 30 und damit auch das Kommunbraurecht.

1939: Mit Beginn des 2. Weltkrieges wurde die Kommunbrauerei eingestellt.
1967: Die Familie Hartwich begann mit dem Zoiglausschank.
1968: Im Juni vernichtete ein Großbrand die gemauerte Scheune und die Stallungen. In der Zeit des Wiederaufbaus der Gebäude ruhte der Zoiglausschank.
1969: Der älteste Sohn Josef (Jose), ein gelernter Metzger, übernahm den Hof und damit auch das Brau- und Schankrecht. Der Ausschank wurde wieder eröffnet.
1999: Das Anwesen wird von Grund auf renoviert. Schlachthaus und Metzgerei wurden neu gebaut. Für die Sommermonate wurde ein Hofausschank eingerichtet.
2001: Gisela Hartwich führt die Zoiglstube weiter.

Haustrunk
Zoigl, das lediglich für den privaten Genuss gebraut wird und nicht in den Zoiglstuben oder Gasthäusern verkauft wird.

Hefe
Die für den Zoigl verwendete ↗untergärige Brauhefe trägt so romantische Namen wie ‚Saccharomyces uvarum' oder ‚Saccharomyces carlsbergensis'. Der Eigenschaft ‚untergärig' erklärt sich dadurch, dass sich die ↗Hefe nach der ↗Gärung durch die Schwerkraft am Boden der Flüssigkeit ablagert.
Untergärige Hefe kommt im Gegensatz zu obergäriger Hefe nur bei einer Raumtemperatur zwischen 4 °C - 9 °C so richtig in Schwung. Weniger wohl fühlen sich bei diesen Gegebenheiten unerwünschte Pilze und Mikroben. Damit wird eine höhere Haltbarkeit des Zoigls gegenüber einem obergärig gebrauten Bier (z. B. Weizenbier) erreicht. Durch die vergleichsweise niedrigen Temperaturen verläuft die ↗Gärung wesentlich langsamer und auch die Lagerzeit ist länger. Die ↗Würze wird, nachdem sie fertig gekocht und abgekühlt wurde, mit der aufgezogenen (↗aufziehen) Hefe angestellt (↗anstellen).

Nachdem sich in der Oberpfalz die klimatischen Verhältnisse immer schon etwas rauer gestalteten, war die untergärige Hefe schon seit alters her die erste Wahl als Brauhefe.
Ihr Ursprung liegt vermutlich in dieser Region, wo sie wohl im 15. Jahrhundert aufkam. In alten Dokumenten ist zu lesen, dass im Jahre 1487 der Rat der Stadt ↗Nabburg seinen Brauereien nur noch untergäriges Bier zu brauen erlaubte. Heute ist die untergärige Bierhefe die bevorzugte Hefeart. Damit werden auch so bekannte Biersorten wie Pils, Export, ↗Bockbier, Lagerbier erzeugt.

Hektoliter
Maßeinheit (100 l) insbesondere für Bier. Daraus ergeben sich theoretisch 200 ↗Halbe Zoigl.

Hösl, Brauerei Hösl Irchenrieth
Brauerei ↗Luchner

Hösl, Hösl & Co Brauhaus GmbH
Ansprechpartner: Michael Hösl
Straße: Bahnhofstr. 1
Ort: 95666 ↗Mitterteich
☏ *(0 96 33) 92 22-0*
🖷 *(0 96 33) 92 22-22*
💻 *www.hoeslbraeu.de*
📫 *hoeslbraeu@t-online.de*
Art: Privatbrauerei
Sitzplätze:60-80
Biergarten: -
Öffnungszeiten: Brauereigasthof täglich ab 10^{30} Uhr geöffnet, Dienstag Ruhetag.
Zoiglspezialität: Zoigl
Zoiglproduktion seit: 2003
Zoiglfarbe: Bernstein
Verkauf: Partyfässer 15 l, 30 l auf Bestellung
Alkoholgehalt: 4,9 % - 5,1 % Vol.
Wissenswertes: Belieferung von Gaststätten. Gegründet wurde die Brauerei Hösl vom Braumeister Michael Hösl. Einer alten Brauersfamilie entstammend, ging er um die Jahrhundertwende zunächst in die USA und arbeitete dort in verschiedenen Brauereien.

Seine reichen Erfahrungen brachte er nach seiner Rückkehr in die Heimat in die neu gegründete Braustätte ein. Den Betrieb baute er schnell von einer kleinen Hausbrauerei zu einer, für damalige Verhältnisse, modernen Braustätte aus.
Heute wird das mittelständische Brauhaus in dritter Generation von Diplom-Braumeister Michael Hösl geführt.

Holzfeuer
Die ↗Kommunbrauer setzen auf die traditionelle Herstellung des Zoigls. Dazu zählt auch die Befeuerung des ↗Sudkessels mit heimischem

Brennholz. Für einen Sud benötigt man je nach Größe des Kessels 2 - 3 Ster Holz.

Hopfen
Die mit Hopfen bebaute Fläche in der ↗Oberpfalz betrug zu ihrer Blütezeit im Jahre 1893 insgesamt 1.684 Hektar. Es gab drei Hopfenmärkte: Amberg, Neumarkt und Regensburg. Bis heute hat sich der Hopfenanbau nur noch in geringem Umfang in Illschwang und Albertshofen erhalten.
Hopfen wächst an bis zu 5 m hohen Stauden. Zum Brauen werden die weiblichen, unbefruchteten Blütendolden oftmals in der gepressten Form als ↗Pellets verwendet.
Wichtigste Inhaltsstoffe sind die Bitterstoffe (↗Alphasäure) und weitere Aromen. Neben dem Geschmack verleiht der Hopfen dem Zoigl Halt-

barkeit und sorgt für die Eiweißausfällung beim ↗Würzekochen.
Hopfen ist einer der nach dem ↗bayerischen Reinheitsgebot erlaubten vier Grundstoffe für Zoiglbier.

Bedeutendstes Hopfenanbaugebiet ist die südlich des Zoiglverbreitungsgebietes gelegene Hallertau.

Hussiten-Zoigl
Bernsteinfarbiger Zoigl aus dem ↗Weißen Brauhaus, dessen Name auf längst vergangene Zeiten erinnert.
Im 15. Jahrhundert tobten in Bayern und Böhmen die Hussiten-Kriege. In der Schlacht bei Hiltersried leistete man im Jahr 1433 den aus Böhmen einfallenden Hussiten erfolgreich Widerstand. Gott-sei-Dank gab es damals für die Anhänger des Reformators Jan Hus noch nicht den ‚Hussiten-Zoigl' aus ↗Neunburg vorm Wald.
Möglicherweise würde dann die Weltgeschichte anders aussehen!

Iblacker Zoiglstüberl
Ansprechpartner: Albert Iblacker
Straße: Hochstr. 12
Ort: 92637 ↗Weiden
☏ *(09 61) 75 70*
🖷 -

💻 -

📫 *albert.iblacker@gmx.de*

Art: Zoiglstube

Sitzplätze: 50-100 (Zoiglstube/Saal)

Biergarten: ja

Öffnungszeiten: Montag bis Freitag 18^{00}-24^{00} Uhr, Samstag 19^{00}-24^{00} Uhr, Sonntag Ruhetag.

Zoiglspezialität: Zoigl vom ↗Sperber Bräu

Zoiglausschank: seit: 1990

Zoiglfarbe: hell, dunkel

Verkauf: nur Ausschank

Alkoholgehalt: 5,0 % Vol.

Spezialitäten: deftige Brotzeiten

Wissenswertes: eigener Braubetrieb eingestellt.

Inhaltsstoffe

Zoigl gehört zur Gattung der ↗Vollbiere. Darin enthalten sind Kohlenhydrate (ca. 20 g), Eiweiß (ca. 2 g), Alkohol (ca. 20 g), Kohlensäure (2–3 g), Wasser (ca. 450 g). Dazu kommen verschiedene Vitamine (B1, B2, B6, H) und Spurenelemente (Schwefel, Kalium, Phosphor, Chlor, Kalzium, Magnesium). Da 1 g Alkohol 7 kcal enthält, entfällt der Löwenanteil des ↗Kaloriengehalts eines Zoigls auf diesen Inhaltsstoff. Bier trägt in Maßen genossen durch seine niedermolekularen Eiweiße (Aminosäuren), seine Vitamine (aus Malz und Hefe) und seine Mineralstoffe (Magnesium, Kalium, usw.) nachweislich zur Gesunderhaltung des Menschen bei. Und auch der Alkohol ist bis 40 g (= 1 Liter) pro Tag (Frauen die Hälfte) für nicht vorgeschädigte Genießer gesund und beugt Arterienverkalkung und damit Herzkreislauferkrankungen vor.

Irchenrieth

Gemeinde im Landkreis ↗Neustadt a. d. Waldnaab, 1.169 Einwohner (2006).

Gemeindeerhebung im Jahr 1818. Wunderbarer Blick über den ↗Oberpfälzer Wald zur Burganlage Leuchtenberg.

Zoigl gibt's hier:
Brauerei ↗Luchner

Jodprobe
Eine kleine Menge ↗Würze wird mit einer Jodlösung vermischt. Färbt sich Probe rot oder blau, so ist dies ein Zeichen, dass noch Stärke vorhanden ist. Erst bei einer Färbung in einen braunen oder gelblichen Ton ist die Würze so weit, dass sich fast die gesamte Stärke in Zucker umgewandelt hat.

Käck'n, Zoiglstube beim Käck'n
Ansprechpartner: Matthias Schönberger
Straße: Marktplatz 18
Ort: 92670 ↗Neuhaus
☎ *(0 96 81) 23 12 oder (0 96 81) 27 69*
🖷 -
💻 *www.zoiglbier.de/neuhaus/index.html*
📫 *rm.schoenberger@freenet.de*
Art: Kommunbrauer, Qualitätssiegel ↗Echter Zoigl vom Kommunbrauer
Sitzplätze: 60 in Zoiglstube, 30 im Nebenzimmer
Biergarten: 60 im Innenhof
Öffnungszeiten: bei Zoiglausschank Freitag bis Dienstag.
Zoiglspezialität: Hauszoigl
Zoiglfarbe: hell
Verkauf: Ausschank und Verkauf in 1 l Flaschen, Einwegfass 5 l, Partyfässer ab 10 l
Alkoholgehalt: 4,8 % Vol. (11 °P- 11,9 °P Stammwürze).

Spezialitäten: Hausschlachtung, Zoiglwurst.
Wissenswertes: Ausschank nach dem Krieg bis 1959, seit 1984 wieder regelmäßiger Ausschank.
Zoigltermine: telefonisch, Presse, Internet, Zoiglkalender.

Kallmünz

Markt im Landkreis ↗Regensburg, 2.881 Einwohner (2006). Der Ort ist mehr als 1000 Jahre alt, denn er wurde erstmals schriftlich in einer Urkunde des Bischof Wolfgang von Regensburg 983 erwähnt.

Hoch über der Naab thront auf einem Felsvorsprung die Ruine von Kallmünz, die mindestens seit 1329 besteht. Sie wurde im Dreißigjährigen Krieg zerstört. Zu ihren Füßen liegt der mittelalterliche Ort. Auf Grund der malerischen Lage wird Kallmünz auch ‚Perle des Naabtals' genannt. Viele Künstler haben sich in den vergangenen Jahren hierher gezogen gefühlt. Der Expressionist Wassily Kandinsky verbrachte 1903 hier den Sommer. – Von hier sind es nur 25 km nach ↗Regensburg.

Zoigl gibt's hier:
Zum ↗Goldenen Löwen
Beim ↗Bürstenbinder

Kalorien

Ein Zoigl mit 5,0 % Vol. Alkoholgehalt hat 230 kcal pro ↗Halbe (Referenz: Rawetzer Zoigl, Privatbrauerei ↗Nothhaft). Es ist daher vom Kaloriengehalt mit einem halben Liter Coca Cola® zu vergleichen.

Da im Zoigl jedoch kaum Zucker enthalten ist, kann er auf Grund der ↗Inhaltsstoffe in Maßen genossen für gesunde Erwachsene als ‚gesund'

bezeichnet werden. Wie immer: Die Menge macht's!
Übrigens: Ein Zoiglbock startet bei bombigen 300 kcal pro Halbe!

Kartell
↗Zoiglkartell

Kaufbeuren
Kreisfreie Stadt im bayerischen Regierungsbezirk Schwaben im Allgäu mit 43.750 Einwohnern (2007). Dort entwickelt sich eine alternative Zoiglszene.

Keg
Das Wort ‚Keg' stammt aus dem Angelsächsischen und bedeutet ‚kleines Fass'. Damit wird im Brauwesen ein Mehrwegfass aus Aluminium bezeichnet, das zum industriellen Befüllen und zur

keimfreien Lagern von Getränken entwickelt wurde. Übliche Keg-Größen sind 30 l und 50 l. Zoigl wird nur in Ausnahmefällen darin verkauft (z. B. Brauerei ↗Luchner).

Kellerbier
Dieses untergärige, junge Bier wird nicht gefiltert und nicht ↗gespundet. Es ist relativ kohlensäurearm und durch den fehlenden Filtriervorgang hefetrüb. Kellerbier wird zwar von oberpfälzischen Privatbrauereien gebraut, hat aber keinen regio-

nalen Bezug zur Oberpfalz und unterscheidet sich daher in diesem wesentlichen Punkt vom ↗Echten Zoigl.

Kesselgeld
Gebühr für die Haltung oder Nutzung eines durch die Kommune zur Verfügung gestellten Braukessels.
In ↗Eslarn beträgt das Kesselgeld beispielsweise pro ↗Sud 200 EUR (Stand 2008).

Kesselkrieg
Schauplatz dieser Begebenheit ist ↗Mitterteich im 18. Jahrhundert.

Die eiserne Sudpfanne aus dem Jahr 1724 war überaus reparaturanfällig und bedurfte deshalb einer Neuanschaffung. Die Verantwortlichen standen nun im Zwiespalt, ob ein eiserner Kessel für 800 Gulden oder ein kupferner für etwa 1200 Gulden gekauft werden sollte. In einer Bürgerversammlung beschlossen die wenigen Anwesenden, den weniger verschleißanfälligen, aber teuereren Kupferkessel anzuschaffen, der dann auch bestellt wurde. Damit wurde auch akzeptiert, das ↗Kesselgeld von 45 Kreuzer auf 2 Gulden anzuheben. Doch die Rechnung wurde nicht mit den (wie immer) nichtanwesenden Kritikern gemacht. Diese mobilisierten die Mitterteicher Bürger mit dem Argument, dass nur der eiserne Kessel den bisherigen Bierpreis stabil halten würde. Der Streit ging - nachdem etliche Hand-

greiflichkeiten („...gröbste Gebärden...") passierten - vor die Waldsassener Klosterherrschaft und das Richteramt, mit dem Ergebnis, dass der Mitterteicher Magistrat einen eisernen Kessel anschaffen sollte. Das Chaos war nun perfekt und die Mitterteicher standen ohne Braumöglichkeit da. Schließlich gab der Mitterteicher Magistrat nach und beschloss den eisernen Sudkessel zu beschaffen. Dagegen protestierte nun der bereits beauftragte (Kupfer-) Kesselschmied und verklagte daraufhin die Stadt. Die „quertreibenden" Kupferkesselgegner schlossen nun ihrerseits einen Vertrag mit einem anderen (Eisen-) Kesselschmied.

Das zwischenzeitlich tätig gewordene Amberger Gericht bestätigte hingegen den Vertrag mit dem Kupferkesselschmied und erklärte, dass die eiserne Sudpfanne abbestellt werden müsse. Nun wurde der kurfürstliche Hofrat in München angerufen, der jedoch die Amberger Instanz bestätigte und zum sofortigen Einbau mahnte. Die Mitterteicher Gegner drohten daraufhin den Einbau mit Gewalt zu verhindern, was den Bürgermeister dazu bewog am 20. Oktober 1782 in Amberg militärische Unterstützung anzufordern. Historische Unterlagen lassen den Schluss zu, dass es beim Einbau tatsächlich zu Ausschreitungen gekommen sein muss, da im Februar 1783 Bürger wegen Übergriffen in Arrest genommen wurden.

Doch Ende März 1783, vermutlich nach Vollendung des Einbaus, kehrte die „bräuende Bürgerschaft" von Mitterteich zum Frieden zurück und erklärte die Auseinandersetzung um den neuen Sudkessel für beendet.

Klosterbrauerei Mallersdorf

Ansprechpartner: Schwester Doris Engelhard
Straße: Klosterberg 1
Ort: 84066 ↗Mallersdorf-Pfaffenberg
☎ *(0 87 72) 6 91 84*
🖷 *(0 87 72) 6 92 43*
💻 *in Vorbereitung*
📫 *in Vorbereitung*
Art: Klosterbrauerei

Sitzplätze: im Bräustüberl 250
Biergarten: ja
Öffnungszeiten: täglich ab 9^{00} Uhr, Montag Ruhetag.
Zoiglspezialität: Mallersdorfer Zoigl

Zoiglproduktion seit: 2003
Zoiglfarbe: Bernstein
Verkauf: 0,5 l Bügelflaschen, Partyfässer 10 l, 15 l, 20 l, 30 l
Alkoholgehalt: 4,9 % Vol. – 5,2 % Vol.
Spezialitäten: Maibock, heller ↗Doppelbock zu Josefi (19. März), an Weihnachten heller ↗Bock.
Zoigltermin: ganzjährige Produktion und Ausschank.

Knorr von Rosenroth Zoigl
Der Zoigl wird von der Brauerei ↗Sperber in ↗Sulzbach-Rosenberg gebraut. Er ist benannt nach Christian Knorr von Rosenroth, einem Universalgelehrten des 17. Jahrhunderts. Dessen Leistung war es, bereits sehr früh eine Vision vom friedlichen Zusammenleben von Menschen verschiedener Kulturen und Konfessionen zu skizzieren. In Sulzbach-Rosenberg gibt es dazu ein sehenswertes Festspiel (↗www.knorr-von-rosenroth-festspiele.de).

Kochtrub
Nachdem durch gezielte Temperaturführung die Inhaltsstoffe aus dem Braumalz gelöst wurden und somit die ↗‚Würze' entstanden ist, müssen überflüssige Eiweißstoffe durch Kochen entfernt

werden. Die beim ↗Würzekochen ausgeschiedenen Eiweißstoffe nennt man (Heiß-)Kochtrub.

Kohlberg
Markt im Landkreis ↗Neustadt a. d. Waldnaab, 1.256 Einwohner (2007).
Die Anfänge des Ortes gehen nachweislich auf das Jahr 1268 zurück, wo er in wittelsbachischem Besitz war. Von Pfalzgraf Johann von Neumarkt wurden 1442 Wappen und Marktrecht verliehen.
Zoigl gibt's hier:
↗Binnerlindl

Kommunbier, Kommunbraubier
↗Zoigl, ↗echter Zoigl

Kommunbrauer
Bei der Verleihung des Braurechts war jeder Bürger gleichgestellt und durfte eine bestimmte Anzahl an ↗Suden brauen lassen.
In ↗Amberg ging man später dazu über, die Anzahl der Sude am Wert des Hauses festzulegen. Wessen Haus im Jahr 1696 nur 100 Gulden wert war, durfte nur einen halben Sud brauen lassen.
Die Städte wurden mit der Zeit häufig um Vorstädte erweitert, deren Bürger weniger Rechte als die Bürger der Altstadt hatten. Die etablierten Brauer sahen es zwar gerne, dass die Bevölkerung wuchs und so der Bierabsatz stieg, wollten aber den Vorstädtern kein Braurecht einräumen, da sie keinen Rückgang ihres eigenen Absatzes hinnehmen wollten. In ↗Weiden wurde im Jahr 1523 der Streit geschlichtet, in dem man den Vorstädtern die halbe Menge an Suden zugestand.
Die Pfarrer, die Rechtspfleger, die Richter und die Beamten durften zunächst ebenfalls nicht brauen. Durch ihren guten Draht zu den oft geistlichen Landesherren (das Stiftland unterstand dem Kloster ↗Waldsassen, ↗Vilseck gehörte zum Bistum Bamberg) führte schließlich dazu, dass die Pfarrer u.a. im Brauhaus für den Eigenbedarf brauen lassen durften, zum Teil auch nicht einmal das ↗Kesselgeld zahlen mussten, dafür aber die

Brauordnung zu Beginn der Brauperiode verlesen mussten.
Hammerwerksbesitzer, die ja in ihren Betrieben viele Leute beschäftigten, durften mit Genehmigung des Rats eine begrenzte Zahl an Suden brauen lassen, durften jedoch kein Bier an Fremde verkaufen oder ausschenken. In Vilseck wurde 1630 noch kein Hammerwerksbesitzer zum Brauen zugelassen, im Jahr 1706 durfte dann jeder Hammerwerksbesitzer vier Sud brauen.
Die Erlaubnis konnte auch wieder entzogen werden, wie ein Fall aus ↗Moosbach von 1578 zeigt. Der Hammermeister aus Altentreswitz sollte kein Bier mehr brauen dürfen, weil man von ihm keinen Nutzen habe, da er weder zum Bad in den Ort komme noch Fleisch und Brot hier kaufe.
Als in Bayern im Jahr 1804 die Rechtslage vereinheitlicht werden sollte, wurde bestimmt, dass keine neuen Sonderrechte entstehen dürfen. Daher ist die Zahl der brauberechtigten Bürger in den Kommunbrauorten auf die Eigentümer der Häuser beschränkt, die schon 1804 bestanden haben.
Nach 1807 wurden viele ↗Kommunbrauhäuser von den Städten verkauft, weil sie der Stadt nur Kosten verursachten. Die Käufer waren häufig die aktiven ↗Kommunbrauer, die das Brau- und Malzhaus als Genossenschaftsbrauerei weiterbetrieben. Außenstehende brauberechtigte Bürger durften aber weiterhin - gegen die Entrichtung eines erhöhten ↗Kesselgeldes - brauen.

Kommunbrauerei Eslarn

Ansprechpartner: Markt Eslarn
Straße: Marktplatz 1
Ort:92693 ↗Eslarn
☎ *(0 96 53) 92 07-35*
🖷 *(0 96 53) 92 07-50*
💻 *www.eslarn.de*
📫 -
Art: Kommunbrauhaus
Sitzplätze: -
Biergarten: -

Öffnungszeiten: Montag-Freitag von 8^{00}-12^{00} Uhr, Montag 13^{00} -17^{00} Uhr, Mittwoch 13^{00} -18^{00} Uhr. Verkauf im Rathaus.
Name der Zoiglspezialität: ↗Rebhuhnzoigl
Zoiglproduktion seit: 2004
Zoiglfarbe: Bernstein
Verkauf: 1 l Flaschen, 2 l Magnumflaschen und 10 l, 15 l, 20 l und 30 l Fässer
Alkoholgehalt: 5 % Vol.
Spezialitäten: Rebhuhnzoigl-Bierkrüge.

Kommunbrauhaus
Vom Namen her ist dieses Brauhaus ein Gebäude mit Braueinrichtung, das die Brauberechtigten einer Gemeinde gemeinsam (lat. communis, -e) gegen Bezahlung des ↗Kesselgeldes benützen dürfen. Dieses Verfahren ist in der ↗Oberpfalz noch heute in einigen Ortschaften gebräuchlich, weshalb man hier politisch völlig korrekt vom ‚Oberpfälzer Kommunismus' spricht.

Ab dem Mittelalter waren Kommunbrauhäuser (Foto: Kommunbrauhaus Neuhaus) in fast allen Teilen der Oberpfalz anzutreffen. In einem „Bericht der Regierung der Oberpfalz vom 5. Januar 1854 über Entstehung und Wesen der Kommunbrauereien" sind 75 Orte auf dem Gebiet der heutigen Oberpfalz erwähnt. Nur im südlichen Teil

der Oberpfalz gab es keine Kommunbrauhäuser. In dem Bericht heißt es dazu:
„In der Stadt Regensburg, dann in den Bezirken *(vergleichbar heutigen Landkreisen)* Falkenstein, Hiltpoltstein, Riedenburg, Stadtamhof und Wörth kommt dagegen das Kommunbraurecht nicht vor, da diese Bezirke niemals zur eigentlichen Oberpfalz gehörten."
Unter dem Begriff „eigentliche Oberpfalz" sind die Gebiete gemeint, die früher zu den Herzogtümern Neuburg und Sulzbach gehörten sowie umliegende Gebietsteile wie das Fürstentum Störnstein-Neustadt a. d. Waldnaab, die Reichsherrschaften Parsberg und Hohenburg und eingeschlossene Bambergische (z. B. ↗Vilseck) und Bayreuther Gebietsteile.
Aktive Kommunbrauhäuser gibt es heute noch in ↗Eslarn, ↗Falkenberg, ↗Mitterteich, ↗Neuhaus und ↗Windischeschenbach.

Kommunbraurecht
Die Voraussetzung für den Verkauf von Bier war eine Erlaubnis (Privileg) des Landesherrn dazu. Zwar durfte jeder Bier brauen wie er wollte, aber nur für den Eigenverbrauch. Dies entsprach dem absoluten Eigentumsbegriff, der auf das römische Recht zurückgeht. Demnach durfte jeder mit seinen eigenen Sachen nach Belieben verfahren.
In Nürnberg und ↗Regensburg, wo sich schon früh ein Stadtwesen herausgebildet hat, wurde das Brauprivileg einzelnen Bürgern verliehen, die sich dann zu Zünften vereinten.
In Regensburg wurde aber 1230 bestimmt, dass jeder Bürger Bier für den Hausverbrauch ohne Widerrede der Brauer herstellen, dies aber nicht zum Verkauf anbieten darf.
In dem Gebiet der mittleren und nördlichen ↗Oberpfalz, wo sich Städte und Märkte erst ab 1300 bildeten, wurde das Brauprivileg zusammen mit der Markt- oder Stadterhebung allen Bürgern des Ortes verliehen.
Zwar sind die Urkunden häufig bei Bränden zerstört worden, so dass der genaue Beginn des Kommunbraurechts häufig nicht mehr festgestellt

werden kann. Es gibt aber immer wieder Hinweise wie eine Bestätigung der Rechte, städtische Brauordnungen, Streitfälle oder Erwähnungen des Brauhauses.
So konnten alle Bürger am Wohlstand teilhaben, was in der rauen Landschaft der Oberpfalz auch notwendig war.
Aus ↗Nabburg liegt der älteste Nachweis über ein Kommunbraurecht vor. Der Freiheitsbrief, den Herzog Rudolf am 31. März 1296 in Schnaittenbach erließ, gibt den Nabburgern Bann- und Zwangsrechte. Der Artikel 14 lautet:
„Swer in aeiner meil vmbe die vorgenanten stat siudet oder briwet, schenchet oder mvelzet, des sol sich vnser rihter vnderwinden von vnsern vnd vin der stat wegen."
Weiter:
„Ez ensol auch nieman auf dem gaewe schenchen pir, met noch wein, danne in den etafern, vnd sol man daz selbe trinchen nemen in vnser stat."
In Auerbach ist noch eine Urkunde aus dem Jahr 1354 erhalten, in der Kaiser Karl IV., der Gründer der Prager Universität und Erbauer der Prager Karlsbrücke, auf das Braugeld zu Auerbach verzichtet.
Vor 1400 ist in neun Städten und Märkten der heutigen Oberpfalz das Kommunbraurecht sicher nachzuweisen. Der Begriff „Zeigel" ist das erste Mal in ↗Neustadt an der Waldnaab aus dem Jahr 1508 überliefert.

Kommunbrautradition
Die Kommunbrautradition führt bis ins Mittelalter in die Zeit der Städtegründungen in der Oberpfalz zurück. Die Stadt ↗Nabburg besitzt den ältesten urkundlichen Nachweis über das ↗Kommunbraurecht.

Kommunbrauwesen
Schon vor der Einführung des Kommunbraurechts durften die Bürger brauen. Allerdings konnte immer nur eine kleine Menge an frischem

Bier hergestellt werden, da ja nichts verkauft werden durfte.
Die Einführung des Kommunbraurechts erlaubte den Bürgern, eine bestimmte Menge an Bier in einem Brauhaus, das im Besitz der Gemeinde war, herstellen zu lassen.
Das von routinierten Braumeistern gebraute Bier wies eine höhere Qualität auf, die auch noch vom ↗Bierkieser überprüft wurde.
Neben der Arbeitsersparnis durch die große Sudmenge gab es noch einen weiteren Vorteil: die teure Ausrüstung des Brauhauses, insbesondere der Braukessel, musste nur einmal für den ganzen Ort beschafft werden.
Daneben blieben die Vorteile des Hausbrauens erhalten: die eingesetzten Rohstoffe (↗Gerste, ↗Hopfen sowie Brennholz für das ↗Darren des ↗Malzes und das Brauen) konnten selbst erzeugt und bereitgestellt werden, der ↗Treber, der mit einem hohen Eiweißgehalt ein hervorragendes Viehfutter ist, konnte gerade im Winter an das Vieh verfüttert werden und der Gewinn, der ja dem gewerblichen Brauer zustand, besserte das Einkommen auf. Dafür lag aber auch das Risiko eines misslungenen Sudes beim Kommunbrauer.
Das Malz- und das Brauhaus waren für die Gemeinde eine Einnahmequelle, das die Bürger für die Benutzung ein ↗Kesselgeld entrichten mussten. Ein ↗Ungeld (Verbrauchsteuer) – wie die damalige Biersteuer – wurde ebenfalls erhoben. Wollte einer der Brauer nicht zahlen, dann gab es eine einfache Möglichkeit, ihn zu ‚überzeugen'.
Im Jahr 1551 steht in der „Marktrechtsordnung" von Luhe:
„Zum vierten, soll man allhier auch auf den Satz praun wie zu Naabburg und anderen Orten, da man das Ungelt gibt, gebräuchig ist und soll der Preumeister keinem kein Bier auf dem Preuhaus lassen, es sei denn das Kesselgeld zuvor richtig."
Von dem Ungeld durften die Gemeinden meist den 9. Teil für sich selbst einbehalten. Daher wurde bei Stadtbränden meist sofort das Brauhaus wieder errichtet, damit die Gemeinde zu Geld kam.

Zur Sicherung der Investition waren aber die Kommunbrauer gezwungen, im Brauhaus zu brauen. Auch sollte so eine Steuerhinterziehung oder der Betrug der Kunden mit minderwertigem Bier, das hätte hinzu gemischt werden können, verhindert werden.
Interessant ist in diesem Zusammenhang auch, dass den Bauern in den umliegenden Orten das Brauen verboten war, um die Versorgung mit Getreide sicherzustellen.

Kommune
So bezeichnen die Bürger von ↗Eslarn ihren Zoigl.

Konnersreuth
Markt im Landkreis ↗Tirschenreuth mit 1.934 Einwohnern (2007). Der Ort wurde erstmals 1218 in einer Chronik des nahegelegenen Klosters ↗Waldsassen urkundlich erwähnt.
Bekannt wurde Konnersreuth durch die stigmatisierte Therese Neumann (1898-1962). Im Volksmund wird sie „Konnersreuther Resl“ genannt.
Zoigl gibt's hier:
Gasthof-Hotel ↗Weißes Ross

Koufn
Holzbottich in dem die fertig gekochte ↗Würze vom ↗Kommunbrauhaus in den jeweiligen ↗Gärkeller des einzelnen Zoiglwirts zur ↗Gärung gebracht wird.

Kräuse
Schaum aus Bitterstoffen und Eiweiß, der sich beim ↗Gärprozess an der Oberfläche des ↗Jungbieres bildet. Dieser Schaum wird vor dem ↗Schlauchen mit einem speziellen Schaumlöffel abgehoben. Kenner behaupten, dass mit dieser Handarbeit im Gegensatz zur Tankgärung eine

bessere Hopfennote ohne unangenehme Bittere erreicht wird.

Kramer Wolf, Zoiglstube Kramer Wolf

Ansprechpartner: Andrea und Wolfgang Fischer
Straße: Tirschenreuther Str. 4
Ort: 95685 ↗Falkenberg

(0 96 37) 3 28
(0 96 37) 92 98 16
www.zoigl-kramer-wolf.de
info@zoigl-kramer-wolf.de
Art: Kommunbrauer, Qualitätssiegel ↗Echter Zoigl vom Kommunbrauer
Sitzplätze: Zoigl-Stubn 70, Heustodl bis 350
Biergarten: nein
Öffnungszeiten: Freitag-Montag ab 10^{00} - 0^{00} Uhr
Zoiglspezialität: Falkenberger Zoigl
Zoiglproduktion seit: 1978
Zoiglfarbe: Bernstein
Verkauf: nur Ausschank
Alkoholgehalt: 4,6 % Vol.
Spezialitäten: Schlachtschüssel, Kesselfleisch, Hausmacher Brotzeitteller, Geräuchertes, Leberkäs, Sulz, Presssack, Wurstsalat, Wurstbrote, Obatzda.
Wissenswertes: Aus der hauseigenen Metzgerei bekommt man stets frische Ware, ob in der Zoigl-Stubn oder im Heustodl.

Kühlschiff
Flacher Behälter mit mehreren Quadratmetern Grundfläche in dem die gekochte ↗Würze zum Abkühlen gepumpt wird, bevor sie von den ↗Kommunbrauern nachhause transportiert und mit ↗Hefe versetzt wird.

Läuterbottich
Überdimensionaler Topf mit Siebboden, der die festen Bestandteile (↗Treber) der ↗Würze durch

ein Sieb von der Flüssigkeit trennt. Damit wird die ↗Vorderwürze gewonnen. Im ↗Läuterbottich wird der Nachguss durch ↗anschwänzen gewonnen.

läutern

Nach Beendigung des ↗Maischevorgangs wird die ↗Würze im ↗Läuterbottich durch den Siebboden von den festen Malzrückständen getrennt. Beim Abläutern bleibt noch sehr viel Extrakt und vergärbarer Zucker im ↗Treber zurück. Diese Bestandteile werden durch ↗anschwänzen durch den Nachguss für die ↗Nachwürze gewonnen.

Lagerdauer

Die genaue Lagerdauer, bevor der Zoigl zum Ausschank kommt kennt nur der jeweilige Brauverantwortliche.
Man kann jedoch von mindestens 4-8 Wochen ausgehen. In dieser Zeit findet die ↗Nachgärung - heute meistens in Edelstahltanks - statt, die den

besonderen Geschmack des Bieres erst entstehen lässt.

Lederer, Wirtshaus Lederer

Ansprechpartner: Max Völkl
Straße: Marktplatz 4
Ort: 92723 ↗Tännesberg
☎ *(0 96 55) 3 85*
🖷 *(0 96 55) 91 45 55*
💻 *www.waldnaab.com/gastro_taennesberg_lederer.php*

m. voelkl@t-online.de
Art: Zoiglausschank
Sitzplätze: 45 in Gaststube
Biergarten: 80 im Hof
Öffnungszeiten: Freitag bis Sonntag 19^{30} – 1^{00} Uhr, Sonntagsfrühschoppen von 9^{30} bis 12^{00} Uhr, ansonsten nach Vereinbarung bzw. zu Rebhuhnzoigl-Abenden
Zoiglspezialität: ↗Rebhuhnzoigl
Zoiglausschank seit: 2004
Zoiglfarbe: Bernstein
Verkauf: nur Ausschank
Alkoholgehalt: 5 % Vol.
Spezialitäten: Rebhuhnzoigl-Abend mit „Erdäpfel-Spezialitäten" (einmal monatlich)
Wissenswertes: Altes Traditionswirtshaus im neu sanierten denkmalgeschützten Anwesen.
Zoigltermine: telefonisch, Presse, Internet

Loistl, Zoiglschänke Loistl

Ansprechpartner: Anni Loistl

Straße: Neustädter Str. 8
Ort: 92670 Windisch-eschenbach
(0 96 81) 35 07
(0 96 81) 91 72 95
www.loistl.de
zoigl@lostl.de
Art: Kommunbrauer
Sitzplätze: 70
Biergarten: nein
Öffnungszeiten: Montag bis Freitag ab 17^{00} Uhr, Mittwoch Mittagstisch, Samstag und Sonntag Ruhetag.
Zoiglspezialität: Zoigl
Zoiglproduktion seit: 1986
Zoiglfarbe: Bernstein
Verkauf: Fässer, Flaschen (soweit vorhanden)
Alkoholgehalt: 4,9 % Vol.
Spezialitäten: Brotzeiten (Ripperl, deftige oberpfälzer Brotzeiten).
Wissenswertes: Das Haus ist aus dem Jahr 1710.
Zoigltermine: telefonisch, Presse, Internet, Zoiglkalender.

Luchner, Brauerei Luchner vormals Brauerei Johann Hösl

Ansprechpartner: Claudia Molter, Arne Luchner
Straße: Braugasse 3
Ort: 92699 ↗Irchenrieth
☏ *(0 96 59) 6 66*
🖷 *(0 96 59) 6 66*
💻 *in Vorbereitung*
📫 *irchenrietherbier@gmx.de*

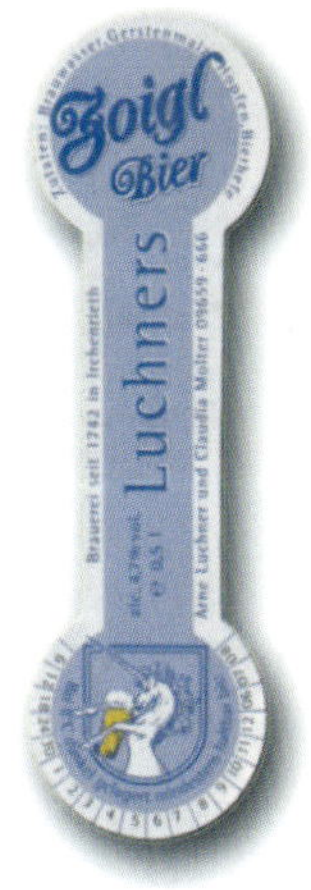

Art: Privatbrauerei
Sitzplätze: -
Biergarten: -
Öffnungszeiten: -
Zoiglspezialität: Luchners Zoigl
Zoiglproduktion seit: 1996
Zoiglfarbe: Bernstein
Verkauf: 0,5 l Maurerflasche mit Bügelverschluss, Partyfässer 10 l, 15 l, 20 l, 30 l, 50 l, ↗Keg-Fässer 30 l, 50 l. Außerdem Belieferung von Gaststätten.
Alkoholgehalt: 4,7 % Vol.
Spezialität: Der Zoigl wird ausschließlich - auch an privat - in gut gekühltem Zustand verkauft, da ein hoher Anspruch an die Qualität gestellt wird. Luchners garantieren ein einwandfreies Naturprodukt, das weder kurzzeiterhitzt noch pasteurisiert wurde.
Wissenswertes: Die Brauerei geht auf ein Gründungsdatum vor dem Jahr 1500 zurück. Hier wird der Zoigl bis heute auf traditionelle Art mit Holzfeuerung, Kühlschiff und Berieselungskühler gebraut. Außerdem bietet die Brauerei nach Voranmeldung für Gruppen oder Einzelpersonen eine persönliche Führung.

Lugert, Zoiglstube Lugert

↗Boozhaus

Luhe

Markt Luhe-Wildenau im Landkreis ↗Neustadt a. d. Waldnaab, 3.480 Einwohner (2006). Die älteste Erwähnung eines Brauhauses in Luhe geht auf das Jahr 1420 zurück, bei dem ein Streit zwi-

schen einem Hans Kuchler und seiner Schwiegermutter von Heinrich Nothafft geschlichtet werden musste.
Die erste sichere Erwähnung des Kommunbrauwesens ist aus dem Jahr 1551.
Im Jahr 1784 wurde das Brauhaus neu erbaut, wobei 200 Gulden Kosten entstanden. 1801 wurde auch das zuvor als feuergefährlich bemängelte Malzhaus für 993 Gulden und 30 Kreuzer renoviert.
Als dann 1816 ein neuer kupferner Braukessel beschafft werden musste, ließ die Gemeinde das Brauhaus und das Malzhaus für 1500 Gulden an die Bürger des Marktes versteigern.
1842 wird als Eigentümer des Bräuhauses mit der Alten Hausnummer 111 und des Malzhauses mit der alten Hausnummer 111½ die „Gemeinschaft der brauenden Bürger" erwähnt, die 40 Hausbesitzer umfasst.
1929 sind nur noch 25 Bürger am Brauhaus beteiligt.
1939 erscheint es das letzte Mal in einem Adressbuch. Es geht in den Besitz des Staates über und wird abgerissen.

Mafia
↗Zoiglmafia

Maische, maischen
Die Biermaische entsteht durch das Vermischen von ↗Malzschrot und dem ↗Guss im ↗Maischbottich. Das anschließende schrittweise Erhitzen löst die löslichen Bestandteile aus dem Getreide bzw. aktiviert unterschiedliche Enzyme. Die genaue ↗Temperaturführung ist vor allem deshalb so wichtig, weil jedes Enzym seine maximale Wirkung bei einer ganz bestimmten Temperatur erzielt. Durch das Maischen erreicht man die Lösung der Stärke aus dem ↗Malz und deren enzymatischen Abbau zu Zucker. Die beim Maischen gewonnene Flüssigkeit heißt ↗Vorderwürze. Mit der ↗Jodprobe stellt der Zoiglbrauer fest, wie weit die ↗Würze verzuckert ist.

Maisch(e)bottich
Überdimensionaler meist beheizbarer „Topf“ in dem die ↗Maische hergestellt wird.

Mallersdorf-Pfaffenberg
Mallersdorf-Pfaffenberg ist ein Markt im niederbayerischen Landkreis Straubing-Bogen mit 6.514 Einwohnern (2006). Aufgrund seiner geographischen Nähe zur oberpfälzischen Bezirkshauptstadt ↗Regensburg – es sind nur wenige Kilometer bis zur Bezirksgrenze und etwa 40 km bis zur Hauptstadt – ist dieser Ort in diesem Buch aufgeführt. Im Kloster Mallersdorf gab es eine schon im Jahre 1109 gegründete Lateinschule auf dem Johannisberg. Die bedeutende Bibliothek war u. a. der Grund für die überregionale Bedeutung des Ortes auf wissenschaftlichem Gebiet.
Während der Säkularisation (1802-1803) wurde das Kloster zu einer Landwirtschaft mit Brauerei umgebaut und die Bibliothek und die meisten sakralen Gegenstände nach München gebracht.
Seit 1869 bis in die heutigen Tage wird das ehemals säkularisierte Kloster wieder von Franziskanerinnen mit dem Orden der ‚Mallersdorfer Schwestern‘, die 240 Außenstationen vor allem in Bayern und in der Rheinpfalz haben, betrieben. Das Mutterhaus der Schwestern befindet sich hier in Mallersdorf.

Auch die Tradition der Klosterbrauerei ließ die Kongregation der ‚Armen Franziskanerinnen' wieder aufleben.
Zoigl gibt's hier:
↗Klosterbrauerei Mallersdorf

Malz
Um ↗Braugerste für den Brauvorgang verwendbar zu machen, muss sie zu Braumalz verarbeitet

werden. Dazu werden die Gerstenkörner unter Zugabe von Wasser zum Keimen angeregt und dann auf der ↗Darre getrocknet und geröstet.

Malzschrot
Um die schwer löslichen Inhaltsstoffe des Braumalz besser ausbeuten zu können, wird das gemälzte Gerstenmalz grob geschrotet. Man nennt das Produkt auch ↗Schüttung.

Marktredwitz
Große Kreisstadt im oberfränkischen Landkreis Wunsiedel, 18.007 Einwohner (2008).
Die Ursprünge gehen zurück bis in das Jahr 1140, wo es als ‚Redwitz' in den Urkunden auftaucht. Bis in die Neuzeit hat die Ansiedlung eine wechselvolle Geschichte erlebt. Erst 1907 wird der Ort zur Stadt erhoben wird.
Danach trägt sie den heute gebräuchlichen Namen ‚Marktredwitz'.

Die Stadt liegt im geschichtlich sehr interessanten Dreiländereck Bayern-Böhmen-Sachsen.
Seit Jahrhunderten ist die Geschichte eng mit der böhmischen Stadt Eger, die nur knapp 30 km entfernt ist verbunden.
Zoigl gibt's hier:
↗Zoigl am alten Rathaus
Privatbrauerei ↗Nothhaft

Milchsäurebakterien
Ein großer Feind des Zoiglbrauers sind Milchsäurebakterien. Was anderorts (Sauerkraut) erwünscht ist, lässt ganze Braukessel ungenießbar werden.
Dagegen hilft nur absolut sauberes Arbeiten. Die Zoiglbrauer sind jedoch aufgrund der niedrigen Temperaturen, in denen der Gärprozess und die Reifung stattfinden, relativ ungefährdet. Dort fühlen sich die Michsäurebakterien ziemlich unwohl.

Mitterteich
Stadt im Landkreis ↗Tirschenreuth, 7.058 Einwohner (2007). Die ↗Kommunbrautradition geht bis ins Jahr 1516 zurück.
Vom Kloster Waldsassen wurde bestimmt: „Wir haben sie dadurch begnadet, dass sie jetzt und in Zukunft in dem Markt zu Mitterteich brauen und schänken können, ohne uns abgabepflichtig zu sein". Seit dieser Zeit gibt es dort ein eigenes Brauhaus, das nachweislich im Jahr 1821 brannte.
Das heutige, aktive ↗Kommunbrauhaus geht auf das Jahr 1864 zurück.
Während des 2. Weltkrieges ruhte die Kommunbrauerei vollkommen. Erst 1953 nahmen einige Kommunbrauer ihre Tätigkeit wieder auf.
Mitterteich war auch der Schauplatz des aktenkundigen ↗Kesselkriegs im 18. Jahrhundert.
Zoigl gibt's hier:
↗Boozhaus, Zoiglstube Lugert

Nabburg

Stadt im Landkreis ↗Schwandorf, 6.068 Einwohner (2006). Sehenswert ist die hervorragend erhaltene mittelalterliche Altstadt. Aus Nabburg liegt der älteste Nachweis über ein ↗Kommunbraurecht vor. Der Freiheitsbrief, den Herzog Rudolf am 31. März 1296 in Schnaitbach erließ, gibt den Nabburgern Bann- und Zwangsrechte. Der Artikel 14 lautet:

„Swer in aeiner meil vmbe die vorgenanten stat siudet oder briwet, schenchet oder mvelzet, des sol sich vnser rihter vnderwinden von vnsern vnd vin der stat wegen. ...Ez ensol auch nieman auf dem gaewe schenchen pir, met noch wein, danne in den etafern, vnd sol man daz selbe trinchen nemen in vnser stat."

Um 1478 hatte man auch in Nabburg angefangen, die Würze mit untergäriger ↗Hefe anzustellen. ↗Felsenkeller wurden ab 1750 in Nabburg gebräuchlich.

Durch die kalte Temperatur konnten mit der untergärigen Hefe wesentlich besser haltbare Biere hergestellt werden.

Der Absatz von obergärigem Weißbier ist deshalb in Nabburg stark zurückgegangen. Das alte Weißbierbrauhaus in der Schmiedgasse diente noch 1960 der Feuerwehr als Unterstellraum für Löschgeräte.

Ebenfalls 1960 stand in der unteren Stadt in der Nähe der Naabbrücke ein altes Brauhaus, das als „alte Mulz" bezeichnet wurde und stark verfallen war.
Ein weiteres Brauhaus steht in der oberen Stadt. Es wurde nach der Jahrhundertwende zuerst an einen Gastwirt verkauft und später von der Konservenfabrik Ziegler verwendet.
1920 wurde es in ein „Jugendwerk" umgebaut.

Nachgärung
Im Lagertank gärt das junge Bier nach, um zu reifen. Dadurch entsteht Druck, was eine Lösung der Kohlensäure im Zoigl ermöglicht. Zoiglbier enthält weniger Kohlensäure, weil es ↗ungespundet ist.

Nachwürze
Durch das portionsweise Hinzugeben von höchstens 78 °C heißem ↗Anschwänzwasser über den ↗abgeläuterten ↗Treber entsteht die dünnere Nachwürze, die vor dem ↗Gärprozess der konzentrierteren ↗Vorderwürze zugeführt wird.

Name
Der Name ‚Zoigl' leitet sich vom Wort ‚zeigen' ab. Durch den sogenannten ↗Zoiglstern, der weithin

sichtbar am Haus angebracht wird, wird angezeigt, dass momentan der leckere Zoigl ausgeschenkt wird. Das Wort ‚Zeigel' wird 1508 in einem Streitprotokoll in ↗Neustadt a. d. Waldnaab erwähnt. Der oberpfälzische Dialekt machte im Laufe der Jahre daraus den ‚Zoigl' also den Zeiger.

Neistedter Stub', D' Neistedter Stub'
Ansprechpartner: Dieter Troidl
Straße: Freyung 12
Ort: 92660 ↗Neustadt/WN
☎ *(0 170) 3 15 66 47*
🖷 -
💻 -
📫 -
Art: Ausschank
Sitzplätze: 70
Biergarten: ja
Öffnungszeiten: täglich ab 19^{00} Uhr, Dienstag Ruhetag.
Zoiglspezialität: Moosbacher Zoigl (hell), Reuther Zoigl (dunkel)
Zoiglausschank seit: 1998
Zoiglfarbe: Bernstein, dunkel
Verkauf: nur Ausschank
Alkoholgehalt: 5,4 % Vol. (hell), 4,8 % Vol. (dunkel)
Spezialitäten: -
Wissenswertes: Jeden Freitag „Rock-Zoigl" ab 22^{00} Uhr für Junge und solche, die sich so fühlen.
Zoigltermine: telefonisch, Presse, Internet.

Neugirg, Norbert
Kommandant der legendären Kabarett-Truppe ↗„Altneihauser Feierwehrkapell´n"® aus ↗Neuhaus. Er (Jahrgang 1960) hat sein Hobby zum Beruf gemacht. Die Laufbahn als Abteilungsleiter hängte er an den Nagel, um sich voll und ganz der „Altneihauser Feierwehrkapell´n"® zu widmen. Neugirg managt nicht nur den vollen Terminkalender der äußerst außergewöhnlichen Musikgruppe, sondern zeich-

net auch für die „knochentrockenen Vers´In“ verantwortlich.
Aufgewachsen ist er im Dorf Wurz im ↗Oberpfälzer Wald nahe Windischeschenbach nicht weit entfernt von der böhmischen Grenze.
1972 Eintritt in die Jugendblaskapelle „Neuhauser Boum“ in ↗Neuhaus bei Windischeschenbach und dort die Ausbildung zum blutigen Amateur genossen.
Danach bis auf den heutigen Tag anhaltende Versuche, sich als Privatschüler bei diversen Berufstrompetern auf dem ‚daher geblasenen Blech zu verbessern‘.
2000 waghalsiger Sprung in den „freiberuflichen Unterhaltungskünstler“.
Unstetig beschäftigt, hält er sich seither als Texter, Nebenbeimusikant, Manager, Ghostwriter, Moderator, Gelegenheitsschauspieler, Kolumnist und Verserlschreiber über Wasser. Sein Leitspruch im Bezug auf Zoigl ist:
„Lässt man den Zoigl nicht verderben,
so muss man nicht dran sterben.“

Neuhaus
Ehemalige Marktgemeinde Neuhaus ist seit 1972 ein Ortsteil der Stadt ↗Windischeschenbach im Landkreis ↗Neustadt. a. d. Waldnaab. Etwa 1.200 Einwohner (2006). Die auf steilem Fels über dem Tal der Waldnaab thronende Burg wurde um 1300 von Landgraf Ulrich von Leuchtenberg als Jagdschloss erbaut. Die noch weitgehend erhaltene Burganlage ist heute im Besitz der Stadt Windischeschenbach und wird großteils als Heimatmuseum (Waldnaabtal-Museum) genutzt.
Zu Füßen des 23 m hohen runden Bergfrieds, der wegen seiner Form im Volksmund „Butterfassturm“ genannt wird, finden jedes Jahr im Juli Frei-

lichttheater-Aufführungen statt. Neben Windischeschenbach ist Neuhaus das Epizentrum der modernen Zoiglkultur. Es gibt hier noch ein aktives ↗Kommunbrauhaus, das im Rahmen einer Stadtführung auch besichtigt werden kann. Die ↗Kommunbrautradition geht bis ins Jahr 1415 zurück.
Übrigens: Neben den bekannten Kommunbrauern üben weitere Brauberechtigte ihr Jahrhunderte altes Braurecht aus, allerdings nur für den ↗Haustrunk.
Zoigl gibt's hier:
Zoiglstube ↗Bahler
Zoiglstube beim ↗Käck'n
Zoigl-Bräukeller ↗Schoilmichl
↗Schafferhof
Zoiglstube ↗Teicher

Neunburg vorm Wald
Stadt im Landkreis ↗Schwandorf mit 8.188 Einwohnern (2006) und 8 Ortsteilen. Der Stadtteil „Aign“ ist der älteste, was vorzeitliche Ausgrabungsfunde belegen. Auf der gegenüberliegenden Anhöhe wurde um das Jahr 900 eine neue Burganlage gebaut, was der Stadt den Namen einbrachte. Tiefe Einschnitte in der Geschichte der ehemaligen Fürstenstadt haben die Hussitenkriege hinterlassen. Zu ihrem Andenken gibt es in der Stadt sogar einen ↗Hussiten-Zoigl.

Auch der berüchtigte Pandurenführer Trenck versuchte sich im Jahr 1742 im Österreichischen Erbfolgekrieg an der Stadt. Allerdings mit mäßigem Erfolg.
Wesentlich erfolgreicher ist das mittelalterliche Freilichtspiel im Neunburger Burghof, das alljährlich tausende Begeisterte nach Neunburg lockt.
Zoigl gibt's hier:
↗Weißes Brauhaus

Neustadt a. d. Waldnaab
Kreisstadt im gleichnamigen Landkreis mit 5.987 Einwohnern (2007).
Neustadt a. d. Waldnaab dürfte am Anfang des 10. Jahrhunderts gegründet worden sein. Missionare sind nämlich um diese Zeit nördlich der Donau aktiv gewesen. Die erste urkundliche Erwähnung stammt aus dem Jahre 1218. Durch die

Heirat von Anna von Wittelsbach mit Kaiser Karl IV. kam die Herrschaft ‚Sternstein-Neustadt' im Jahr 1353 in die Hände des großen römischen Kaisers und Königs von Böhmen. Im Laufe der Jahrhunderte wechselte der Besitz mehrfach. 1562 kommt Neustadt mit dem Geschlecht der Lobkowitzer in Verbindung. Ladislaus II. von Lobkowitz, Obersthofmeister im Königreich Böhmen, erhielt es von Kaiser Ferdinand I. verpfändet.
Die Übernahme der Herrschaft Neustadt durch die Lobkowitzer hinterlässt bis in die heutigen Tage ihre Spuren und wirkte sich sehr positiv auf die Stadt und die umliegenden Orte aus.
Zahlreiche Bauwerke, beispielweise Kirchen und Schloss wurden durch das Fürstengeschlecht errichtet. Handwerk und Handel erlebten in diesen Tagen eine Blütezeit. Im Jahre 1641 wurde die Herrschaft ‚Neustadt-Sternstein' zur gefürsteten Grafschaft mit Sitz und Stimme im Immerwährenden Reichstag zu ↗Regensburg erhoben. 1807 wurde die Stadt durch den Verkauf seitens der

Lobkowitzer in das Königreich Bayern eingegliedert.
Der älteste Hinweis auf eine ↗Kommunbrautradition findet sich aus dem Jahre 1354.
Zoigl gibt's hier:
↗Aweg Zoiglstube
Gasthof zum ↗Bärenwirt
D' ↗Neistedter Stub'
Zoiglstub'n beim ↗Brucksaler
Zum ↗Waldhauser

Nothhaft, Privatbrauerei Nothhaft
Ansprechpartner: Otto Nothhaft
Straße: Ottostr. 30
Ort: 95615 ↗Marktredwitz
☎ *(0 92 31) 20 77*
🖷 *(0 92 31) 6 45 20*
💻 *www.brauerei-nothhaft.de*
📧 *info@brauerei-nothhaft.de*

Art: Privatbrauerei
Sitzplätze: Brauereigaststätte Am Strand 50
Biergarten: ja
Öffnungszeiten: Montag Ruhetag.
Zoiglspezialität: Rawetzer Zoigl
Zoiglproduktion seit: 1995
Zoiglfarbe: Bernstein
Verkauf: 0,5 l Flaschen, Partyfässer 10 l, 15 l, 20 l, 30 l
Alkoholgehalt: 5,0 % Vol.
Spezialitäten: ↗Zwickelbier
Wissenswertes: Die Tradition der Brauerei ist über 100 Jahre alt. 1882 erwarb ein Vorfahre des heutigen Brauereibesitzers Otto Nothhaft ein Anwesen, das mit dem Kommunbraurecht belegt war. Seit dieser Zeit ist die Brauerei in Familienbesitz.

Obatzder
Rezepte für diese bayerische Käsespezialität gibt es mindestens so viele, wie es Zoiglstüberl und

Zoiglbrauereien gibt. Auch der Geschmack ist so vielfältig, wie der des Zoiglbiers.
Allen Rezepten gleich sind die beiden Grundzutaten Butter und reifer Camembert. Diese werden zerdrückt und vermischt. Dazu werden kleingeschnittene Zwiebelwürfel gegeben. Das Ganze wird nun mit Salz, Pfeffer und Paprika pikant abgeschmeckt und als Brotaufstrich zu frischem Bauernbrot gereicht. Als Krönung streut man klein geschnittenen Schnittlauch darüber.

Oberpfälzer Hof, Hotelgasthof-Restaurant

Ansprechpartner: German Enders
Straße: Hauptstr. 1
Ort: 92670 ↗Windischeschenbach
☎ *(0 96 81) 7 88*
🖷 *(0 96 81) 82 23*
💻 *www.oberpfaelzer-hof-windischeschenbach.de*
📫 *info@oberpfaelzer-hof.de*
Art: Kommunbrauer, Qualitätssiegel ↗Echter Zoigl vom Kommunbrauer
Sitzplätze: Naabtalstüberl (80), Künstlerstüberl (20), Oberpfalzstube (50)
Biergarten: 100 Sitzplätze
Öffnungszeiten: ganztägig, Mittwoch Ruhetag (nach Anmeldung für Gruppen geöffnet).
Zoiglspezialität: Haus-Zoigl
Zoiglproduktion seit: 1993
Zoiglfarbe: Bernstein
Verkauf: Ausschank und Verkauf von 5 l, 10 l, 15 l, 30 l Partyfässern.
Alkoholgehalt: 5,1 % Vol.
Spezialitäten: schmackhafte Brotzeiten, täglich wechselnde Gerichte.
Wissenswertes: Hier trifft sich die überregional bekannte Kleinkunstbühne ‚Futura'.
Die Gastwirtschaft ist seit 1910 in Familienbesitz. Das 3-Sterne-Hotel bietet 25 Gästezimmer sowie einen Tagungsraum für 25-30 Personen mit moderner Ausstattung. Hier gibt es preiswerte Pauschalangebote wie ‚Wochenend-Schnäppchen' oder ‚Wandertage im ↗Oberpfälzer Wald'.
Zoigltermine: ständiger Ausschank.

Oberpfälzer Wald

Traumhaft schöne Ferienregion im mittleren und nördlichen Osten der ↗Oberpfalz und das einzig bekannte ↗Zoiglland auf unserem Planeten. Sie grenzt im Osten an den Böhmerwald im Süden an den Bayerischen Wald und im Norden an das Fichtelgebirge.

Oberpfalz

Regierungsbezirk in Bayern und das ↗Zoigland. Er erstreckt sich von der Donau bis beinahe zum Fichtelgebirge und vom Oberpfälzer Jura bis zur tschechischen Grenze. Er umfasst damit eine Fläche von 9.691 qkm. Die Einwohnerzahl beträgt 1.087.939 Menschen (2006) in drei kreisfreien Städten (↗Amberg, ↗Regensburg und ↗Weiden i. d. OPf.) und sieben Landkreisen (Amberg-Sulzbach, ↗Cham, Neumarkt i. d. Opf., ↗Neustadt a. d. Waldnaab, ↗Regensburg, ↗Schwandorf und ↗Tirschenreuth).

Oppl, Zoiglstube Oppl

Ansprechpartner: Wilhelm Oppl

Straße: Oberer Markt 11
Ort: 95666 ↗Mitterteich
☎ *(0 96 33) 33 26*
📠 *(0 96 33) 4 00 99*
💻 -
📫 -
Art: Kommunbrauer, Qualitätssiegel ↗Echter Zoigl vom Kommunbrauer
Sitzplätze: 60
Biergarten: Zoiglstodl 100
Öffnungszeiten: beim Zoiglausschank ab 9^{00} *Uhr*
Zoiglspezialität: Haus-Zoigl
Zoiglproduktion: mit Unterbrechungen seit dem 16. Jahrhundert.
Zoiglfarbe: Bernstein
Verkauf: 2 l Flaschen, 5 l, 10 l, 15 l, 20 l, 30 l
Alkoholgehalt: 5 % Vol.

Spezialitäten: Hausmacherbrotzeit
Wissenswertes: Zoigl wird hier seit dem Erlass des Reinheitsgebotes gebraut.
Zoigltermine: telefonisch, Presse, Internet Zoiglkalender.

Parkstein
Markt im Landkreis ↗Neustadt a. d. Waldnaab, 2.319 Einwohner (2006). Er ist vor allem berühmt durch den weithin sichtbaren Basaltkegel, den ein Kirchlein krönt.
Parkstein ist nachweislich einer von neun Orten in der ↗Oberpfalz, deren Zoigltradition bis ins 14. Jahrhundert zurückgeht. Erstmals wurde 1354 erwähnt, dass die Parksteiner das Recht haben Zoigl zu brauen. Das erste Brauhaus mit Braubrunnen stand in der Pressather Straße. Das während des Dreißigjährigen Krieges zerstörte Brauhaus in der Schmalzgasse wurde in den Jahren 1636/40 behelfsmäßig restauriert. Damit war es 1642 erstmals wieder möglich Bier zu brauen.

Im Jahr 1738 wurde am westlichen Ortsrand ein Malzhaus und ein Braubrunnen erbaut. Letzterer wird noch heute für den Feuerschutz genutzt.
Ab 1817 hatte jeder Parksteiner das Recht gegen Entrichtung eines ↗Kesselgeldes im Brauhaus Bier herzustellen.
Im Jahr 1902 wurde das Zoiglbrauen in Parkstein eingestellt, da bereits Flaschenbier geliefert wurde und das Brauhaus einer aufwändigen Reno-

vierung bedurfte, die die Brauberechtigten nicht mehr finanzieren wollten.
Zoigl gibt's hier:
↗Wagerer Stodl

Pellets
gepresster ↗Hopfen in Tablettenform

Pfief
Der Abschied von einer gemütlichen Zoiglrunde fällt manchmal schwer: Es gäbe noch so viel zu berichten, doch die Zeit drängt, außerdem ist das Glas leer... Der Wirt kommt hier mit dem so genannten ‚Pfief' zu Hilfe. Das ist eine gut eingeschenkte halbe Halbe (0,25 l + x). Diesen Absacker nennt man auch Struz (mit gedehntem Vokal ‚u': „Schdruhz") oder im Fränkischen ‚Schnitt'.

Pfreimd
Stadt im Landkreis ↗Schwandorf, 5.570 Einwohner (2006). In der „Geschichte der Stadt Pfreimd" von Karl Stieler ist zu lesen:
Die Brau- und Schankberechtigung der Bürger der Stadt Pfreimd gründet sich auf ein Privileg des Landgrafen Johann IV. von Leuchtenberg (1479 - 1531) vom Jahr 1497.
Nach einem Stadtbrand 1800, bei dem auch das Malzhaus zum Opfer fiel, bemühte sich die Stadt das Kommunbrauhaus zu verkaufen. Erst 1815 wurde es an eine Gemeinschaft von 35 Bürgern verkauft, und zwar um 500 Gulden für das Brau-

haus, 1000 Gulden für das Malzhaus und 500 Gulden für die kupferne Bräupfanne mit allem Braugerät und Einrichtungen. Diejenigen Bürger, die nicht zum Käuferkreis gehörten, konnten weiterhin brauen, mussten aber ein erhöhtes Kesselgeld zahlen. Ende der 1920er Jahre wurde der Neubau eines Brauhauses und eines Eiskellers beschlossen. Dazu vereinigten sich 10 Pfreimder Kommunbrauer unter der Bezeichnung „Vereinigte Kommunbrauer in Pfreimd".
Die Inbetriebnahme des neuen Brauhauses erfolgte im Dezember 1930. 1999 wurde der Braubetrieb nach über 500 Jahren eingestellt.

Pirk
Gemeinde im Landkreis ↗Neustadt a. d. Waldnaab mit 1.854 Einwohner (2007). Die Brautradition im Ort lässt sich bis 1595 zurückverfolgen.
Seit 1895 gibt es die Brauerei Michael Schwab, seit 1982 wurde zu ↗Pirker Brauhaus umfirmiert und steht unter der Leitung von Dr. Hermann Schwab.
Zoigl gibt's hier:
↗Pirker Brauhaus

Pirker Brauhaus
Ansprechpartner: Familie Schwab
Straße: Braugasse 7
Ort: 92712 ↗Pirk
Tel.: (09 61) 4 23 91
🖷 *(09 61) 40 18 03 29*
💻 -
📫 -
Art: Privatbrauerei
Sitzplätze: Festkeller mit 96 Sitzplätzen
Biergarten: mit Pizzeria (verpachtet)

Öffnungszeiten: 17^{00}-23^{00} Uhr, Ruhetag Dienstag.
Spezialitäten: Heller Zoigl (4,9 % Vol.), dunkler Zoigl (5,1 % Vol.), ↗Doppelbock-Zoigl ‚Pirkator' (7,3 % Vol.)
Zoiglproduktion seit: 1996

Verkauf: Bügelverschluss-Flaschen, Partyfässer (10 l - 50 l), Fässer (10 l - 50 l)
Wissenswertes: Der Festkeller kann für private Feiern und Firmenjubiläen gemietet werden und bietet ein stimmungsvolles Ambiente für rauschende Feste.
Besonderheit: Michael Schwab ist ein ausgewiesener Kenner der Zoiglgeschichte und hat sich mit seiner Internetseite www.zoigl.de große Verdienste um die Grundlagenforschung des Brauwesens in der nördlichen Oberpfalz gemacht. Mit seiner Genehmigung wurden einige seiner Erkenntnisse für dieses Buch verwendet.

Pirker Zoigltour
Immer am 1. Sonntag im September findet die grenzüberschreitende Radtouristikfahrt statt. Sie ist damit nicht nur für viele aktive Rennradfahrer ein attraktiver Saisonabschluss.
Die Pirker Zoigltour wird in mehreren Schwierigkeitsgraden angeboten:

Tour 1: 175 km / 2480 hm über Tachov in Tschechien
Tour 2: 130 km / 1850 hm
Tour 3: 85 km / 975 hm
Tour 4: 41 km / 350 hm
Tour 5: 20 km / flach
Start und Ziel befinden sich in Pirk im Pausenhof, der am Ortsausgang in Richtung Luhe gelegenen Schule. Dort wird auch der berühmte Pirker Zoigl in hell oder dunkel ausgeschenkt – natürlich erst nach getaner „Arbeit“.
Reizvoll an dieser Tour ist, dass allen Leistungsgruppen des Radsports – vom Profi bis zur Familie eine landschaftlich reizvolle Strecke angeboten wird.
Veranstalter dieser gut organisierten alljährlichen Radrundfahrt ist der Veloclub Concordia Pirk (www.vcc-pirk.de).

Pleystein
malerisch gelegenes Städtchen im Landkreis ↗Neustadt a. d. Waldnaab mit 2.627 Einwohner (2007). Seit 1957 ist Pleystein ein staatlich anerkannter Erholungsort. Sehenswert ist vor allem die auf dem 38 m hohen Rosenquarzfelsen erbaute Kreuzbergkirche mit Kloster der Oblaten des Hl. Franz von Sales. Seit dem Mittelalter wird in der Stadt der Zoigl gebraut.

Zoigl gibt's hier:
Zoigl beim ↗Voit

Plößberg
Plößberg ist ein Markt und staatlich anerkannter Erholungsort im Landkreis ↗Tirschenreuth. Er liegt im Osten des Naturparks Nördlicher ↗Oberpfälzer Wald und hat mit seinen 36 Gemeindeteilen 3.458 Einwohner (2007).
Seine Gründung geht auf die Mitte des 12. Jahrhunderts zurück.
Bekannt ist der Ort vor allem durch seine Glasofenbauer und Krippenschnitzertradition. Im Rathaus finden sich zu diesen Themen sehenswerte Ausstellungen.
Zoigl gibt's hier:
Brauerei ↗Riedl

Posterer, Zum Posterer
Ansprechpartner: Manuela und Günter Zimmermann
Straße: An der Alten Post 5
Ort: 92670 ↗Windischeschenbach
☎ *(0 96 81) 91 80 88*
🖷 -
💻 *www.zum-posterer.de*
📫 *kontakt@zum-posterer.de*
Art: Kommunbrauer, Qualitätssiegel ↗Echter Zoigl vom Kommunbrauer

Sitzplätze: 60
Biergarten: nein
Öffnungszeiten: Freitag bis Montag ab 14^{00} Uhr bei Zoiglausschank.
Zoiglspezialität: Haus-Zoigl
Zoiglproduktion seit: 2004
Zoiglfarbe: Bernstein
Verkauf: Ausschank und in mitgebrachte Behälter sowie 10 l, 15 l, 20 l, 30 l, 50 l Partyfässer
Alkoholgehalt: 5,1 % Vol.
Spezialitäten: Südtiroler Speck und deftige oberpfälzer Brotzeiten.
Wissenswertes: Aus dem Jahre 1865 liegt ein Braukataster vor, nach dem gab es 83 Brauberechtigte, 52 dem Kommunbrauhaus gegenüber Eigentumsberechtigte.

Einer von den 31 Brauberechtigten, war der Türmer Joseph Zehrer, der auch ausschenkte. Der Türmer war verpflichtet, Feuerwache auf dem Turm zu halten und bei einem Brand die Glocke anzuschlagen oder mit einer Trompete ein Signal zu geben. Am 1. April 1865 zog in Windischeschenbach mit einer Postexpedition eine neue Zeit ein.
Untergebracht war die Poststation in dem neben dem katholischem Pfarrhof gelegenen Haus Nr. 49 (heute: An der Alten Post 5) und wurde vom Hausinhaber, Pfarrtürmer und Buchbinder Joseph Zehrer geleitet.
1968 wurde das Anwesen von der Familie Zimmermann erworben und als Wohnraum genutzt. 2004 wurde die Zoiglstube ‚Zum Posterer' ins Leben gerufen.
Zoigltermine: telefonisch, Presse, Internet, Zoiglkalender.

Postgassl, Zoiglstube neben der Post

Ansprechpartner: Johann Gmeiner
Straße: Bahnhofstr. 27
Ort: 95643 ↗Tirschenreuth
☎ (0 96 31) 16 04
🖷 (0 96 31) 65 99
💻 www.gmeiner.de/zoigl
📫 johann@gmeiner.de
Art: Ausschank
Sitzplätze: 35
Biergarten: ja
Öffnungszeiten: bei Zoiglausschank Freitag bis Montag ab 15^{00} Uhr.
Zoiglspezialität: Zoigl
Zoiglausschank: November 2005
Zoiglfarbe: Bernstein
Verkauf: Ausschank und Abfüllung in mitgebrachte Gefäße
Alkoholgehalt: 4,9 % Vol.
Spezialitäten: Kesselfleisch, Rindfleisch mit Semmelkren, Kartoffelsuppe, Schlachtschüssel.
Wissenswertes: Bis 1998 war in diesem Haus Kaffee und Konditorei Pfaff beheimatet.
Zoigltermine: telefonisch, Presse, Internet.

Püttner, Brauerei Püttner

Ansprechpartner: Christine und Johannes Püttner
Straße: Hauptstr. 11
Ort: 95519 ↗Schlammersdorf
☎ (0 92 05) 2 92
🖷 (0 92 05) 9 88 10 38
💻 www.puettner-braeu.de
📫 info@brauerei-puettner.de
Art: Privatbrauerei
Sitzplätze: 70
Biergarten: ja
Öffnungszeiten: Mittwoch bis Freitag 11^{00}-14^{00} Uhr, ab 16^{00} Uhr. Samstag, Sonntag und Feiertag ab 10^{00} Uhr. Montag und Dienstag Ruhetag.
Zoiglspezialität: Püttner-Zoigl
Zoiglproduktion seit: April 2008
Zoiglfarbe: Bernstein
Verkauf: 0,5 l Flaschen
Alkoholgehalt: 5,2 % Vol.

Spezialitäten: Bierschnaps, Kümmelschnaps, Edelsumser Honigschnaps

Wissenswertes: Seit 1819 wird in den Mauern des damaligen Gutshofes von Schlossbesitzer Freiherr von Hirschberg - heutige Brauerei Püttner - Bier gebraut. Im Jahr 1862 kauft Andreas Püttner die Brauereigebäude und erwirbt 1863 das Braurecht. Die Brauerei ist seit dieser Zeit in Familienbesitz.

Hier kann man auch übernachten. Die geschmackvoll eingerichteten Gästezimmer bieten viel Komfort. Es gibt auch drei Themenzimmer: Wasser, Hopfen, Malz. Luxus pur ist die „Flitterwochen-Suite". Beachtenswert ist der hauseigene Veranstaltungskalender mit zahlreichen Sonderaktionen! Außerdem gibt's hier geführte Brauereibesichtigungen.

Besonderheit: Obwohl die Brauerei ‚nur' einen Zoigl braut, stattet sie ihre Flaschen mit verschiedenen Etikettenmotiven aus. Eine pfiffige Idee!

Rebhuhnzoigl

Bierspezialität aus dem ↗Kommunbrauhaus ↗Eslarn, die ein Teil des Projektes „Das Rebhuhn im ↗Oberpfälzer Wald" ist.

Rebhuhnzoigl wird auch in ↗Tännesberg im Wirtshaus ↗Lederer und Hotel ↗Wurzer ausgeschenkt.

Regensburg

Die Hauptstadt der Oberpfalz heißt Regensburg und ist am südlichen Zipfel des Regierungsbezirkes gelegen. Sie hat 131.489 Einwohner (2007). Berühmt ist Regensburg durch seinen historischen Altstadtkern, der baugeschichtlich bis in die Römerzeit zurück geht. Sehenswert ist u. a. die Steinerne Brücke und der Dom St. Peter.

Regensburg spielt eine wesentliche Rolle bei der frühen Qualitätssicherung des Bieres durch den ↗Bierkieser. Es hat aber keine Zoigltradition.

Zoigl gibt's hier:
↗Bischofshof-Zoigl

Reuth bei Erbendorf
Ortschaft im Landkreis ↗Tirschenreuth mit 15 Ortsteilen. Die Gemeinde hat 1215 Einwohner (2007).
Die Anfänge von Reuth gehen bis ins Jahr 1337 zurück. In diese Zeit fällt auch die ursprüngliche Errichtung des das heutige Ortsbild bestimmenden Schlosses, das vom Adelsgeschlecht der Trautenberger erbaut wurde.
Zoigl gibt's hier:
↗Schlossbrauerei Reuth
Zoiglstub'n ↗Am Letten

Riedl, Brauerei Hans Riedl
Ansprechpartner: Angela Riedl
Straße: Kirchenstr. 2
Ort: 95703 ↗Plößberg
☎ *(0 96 36) 2 36*
🖷 *(0 96 36) 91 32 41*
💻 -
📫 -
Art: Privatbrauerei
Sitzplätze: 60 in der Gaststätte, in der

Kegelbahn 20, in der Zoiglstube 40
Biergarten: nein
Öffnungszeiten: täglich geöffnet, Sonntag ab 12^{00} Uhr geschlossen.
Zoiglspezialität: Riedl-Zoigl
Zoiglproduktion seit: 1973
Zoiglfarbe: dunkel
Verkauf: 0,5 l Flaschen, Partyfässer 15 l - 50 l
Alkoholgehalt: 4,7 % Vol.
Spezialitäten: deftige oberpfälzer Brotzeiten
Wissenswertes: Die Brauerei gibt es seit über 130 Jahren.

Röstmalz
Diese Form des ↗Braumalzes wird oft auch als Farbmalz bezeichnet und entsteht durch einen Prozess in der ↗Darre. Dort wird das ↗Grünmalz bei höherer Temperatur länger als das normale Braumalz gedarrt. Das Röstmalz wird hauptsächlich zur Intensivierung der ↗Zoiglfarbe zugegeben.

Rohstoffe
Zoigl wird nach ↗bayerischem Reinheitsgebot von 1516 ausschließlich mit ↗Hopfen, ↗Malz und ↗Wasser und ↗Hefe gebraut. Das für das Zoiglbier verwendete Malz bleibt länger in der ↗Darre als das Malz für andere Biersorten.
Durch diese besondere Verarbeitungsweise erhält der normale Zoigl eine bernsteinartige Farbe.

Roude, Da Roude
Ansprechpartner: Anton Heinl
Straße: Stadtplatz 3
Ort: 92670 ↗Windischeschenbach
☏ *(0 96 81) 21 85*
🖷 *(0 96 81) 9 14 11*
💻 *www.waldnaab-taler.de/zoigl/roude.html*
📫 *anton.heinl@t-online.de*

Art: Kommunbrauer, Qualitätssiegel ↗Echter Zoigl vom Kommunbrauer
Sitzplätze: 30
Biergarten: 20 Plätze
Öffnungszeiten: nach Ankündigung nur an manchen Wochenenden geöffnet. Meist nur ein Mal im Monat.
Zoiglspezialität: Haus-Zoigl
Zoiglproduktion seit: mehreren Generationen.
Zoiglfarbe: Bernstein
Verkauf: Ausschank. Abfüllung auch in mitgebrachte Behältnisse, 2 l Flaschen, Partyfässer mit 15 l, 20 l, 30 l, 50 l.
Stammwürze: 12 °P

Spezialitäten: deftige warme und kalte Oberpfälzer Brotzeiten. Wechselnde oberpfälzische Spezialitäten (Braten mit böhmisch Kraut, geräucherte Forelle).
Wissenswertes: Die Familie vom „Roud'n" kann auf eine lange Windischeschenbacher Brautradition zurückblicken. Heute ist ‚da Roude', der mit bürgerlichem Namen Anton Heinl heißt, auch Vorsitzender der Kommunbrauer-Gemeinschaft „Brauende Bürger von Windischeschenbach".
Zoigltermine: telefonisch, Presse, Internet, Zoiglkalender.

Säuferleber
(lat. hepatitis diffusa chronica interstitialis) Diese Krankheit ist eine chronische Leberentzündung, die durch den Missbrauch alkoholischer Getränke entsteht.
Eine hepatitis diffusa chronica zoiglis ist in der medizinischen Fachliteratur nicht bekannt.

Saufen wie ein Bürstenbinder
↗Bürstenbinder

Schafferhof
Ansprechpartner: Gabi und Reinhard Fütterer
Straße: Burgstr. 6
Ort: 92670 ↗Neuhaus
☎ *(0 96 81) 91 71 60*
🖷 *(0 96 81) 91 71 61*
💻 *www.schafferhof-zoigl.de*
📫 *info@schafferhof-zoigl.de*
Art: Kommunbrauer, Qualitätssiegel ↗Echter Zoigl vom Kommunbrauer

Sitzplätze: Zoiglstube EG 40, Zoiglstube EG Gewölbe 40, Zoiglstube OG 60, Tenne 120, Scheune 120
Biergarten: 200 Plätze
Öffnungszeiten: bei Zoiglausschank Freitag ab 15⁰⁰ Uhr, Samstag und Sonntag ab 10⁰⁰ Uhr, Montag ab 15⁰⁰ Uhr.
Zoiglspezialität: Schafferhof-Zoigl
Zoiglproduktion seit: 2000
Zoiglfarbe: Bernstein
Verkauf: 1 l, 2 l Bügelflasche, Partyfässer 5 l
Alkoholgehalt: 5 % Vol.
Spezialitäten: Obatzder, Limburger mit Zoigldressing, Schafferseufzer, Schafferhof-Brot (grobes Mett mit Zwiebeln und Senf), Obatzter (angemachter Käse nach über 100 Jahre altem Familienrezept), hausgemachte Sulz. ↗Streuvados-Apfelbrand: sieben alte oberpfälzer Apfelsorten von der Streuobstwiese - im Eichenfass ausgebaut.
ABZQ-Brand: Apfel, Birne, Zwetschge, Quitte von der Streuobstwiese, Geschenkartikel (Kerbholz, Steinkrügel).
Wissenswertes: Den ehemaligen Wirtschaftshof („Schaffer") der mittelalterlichen Burg Neuhaus retteten Reinhard (von Beruf Kaminkehrermeister, ↗Schloudfecha) und Gabi Fütterer vor dem Verfall. Aus dem mit viel Liebe zum historischen Detail restaurierten Vierseithof machten sie eine

gastliche Stätte mit besonderer Atmosphäre. Ohne krachledernen Kitsch, dafür bodenständig und authentisch, sitzt der Gast unter Gewölben oder gemütlich in der ehemaligen Backstube auf Oberpfälzer Wirtshausgarnituren aus dem 19. Jahrhundert. Die Jugendstil-Kachelöfen sind nicht nur Zierde, sondern spenden in der kalten Jahreszeit eine besonders gemütliche Wärme. Im Sommer lassen sich die lauen Abende geschützt und entspannt im Hof genießen. Im Biergarten auf der Westseite - vor der Kulisse der mächtigen Burg - blickt der Gast zur „blauen Stunde" direkt in den Sonnenuntergang.

Während sich die Erwachsenen in Ruhe des süffigen Zoigls und der Hausmacherbrotzeit erfreuen, haben die Kinder auf dem hofeigenen Spielplatz ihren Spaß. Freundlich und farbenprächtig grüßt vom Frühjahr bis zum Spätherbst ein originaler Bauerngarten den Besucher. Die musikalischen Events auf der Tenne oder im Hofraum erlangten in der Region mittlerweile Kultstatus. Zum Schafferhof „pilgert" auch viel jugendliches Szene-Publikum.

Der Hausherr führt auch gerne durch den handgehauenen ↗Felsenkeller aus dem Jahre 1415. Noch früheren Datums dürfte der zwölf Meter tiefe Schafferhof-Brunnen sein.

Zoigltermine: telefonisch, Presse, Internet

Scheuerer, Private Landbrauerei Scheuerer

Ansprechpartner: Erhard Scheuerer
Straße: Bräugasse 7
Ort: 92709 ↗Moosbach
☏ (0 96 56) 2 09
🖷 (0 96 56) 7 31
💻 www.moosbacher.com
📫 bier@moosbacher.com
Art: Privatbrauerei
Sitzplätze: im Bräustüberl 40
Biergarten: ja

Öffnungszeiten: täglich ab 17^{00} Uhr, Sonntag Ruhetag.
Zoiglspezialität: Moosbacher Zoigl
Zoiglproduktion seit: 2004

Zoiglfarbe: Bernstein
Verkauf: 0,5 l Bügelflaschen, Fässer 20 l, 30 l, 50 l
Alkoholgehalt: 5,4 % Vol.
Spezialitäten: Kellerbier, Moosbacher Bierbrand hell, Bierwhisky 0,2 l Flasche
Wissenswertes: Seit 1887 in der 4. Generation im Familienbesitz. Die Brauerei bietet auch einen Festservice und kann besichtigt werden. Daneben verleiht die Brauerei das so genannte ↗'Bierkennerdiplom'.

Schlammersdorf
Gemeinde Westen des Landkreises ↗Neustadt a. d. Waldnaab, 1.137 Einwohner (2007).
Im Jahr 1818 entstand durch die Verwaltungsreform die heutige Gemeinde.
Zoigl gibt's hier:
Brauerei ↗Püttner

Schlauchen
Umpumpen des Jungbieres nach abgeschlossener Gärung durch Schläuche oder fest verlegte Leitungen in Lagertanks zur Nachgärung bzw. Lagerung.

Schlicht
Ortsteil der Stadt ↗Vilseck im Landkreis ↗Amberg-Sulzbach, 6.429 Einwohner (2006). Das Braurecht in Schlicht geht auf eine Verleihung durch Pfalzgraf Friedrich aus dem Jahr 1528 zurück.
Am 14. Oktober 1528 erhält die Ortsgemeinde Schlicht auf Widerruf das Recht, im Dorf ein Brauhaus zu errichten, darin zu brauen, dann das

Bier auszuschenken und zu vertreiben. Das Besondere daran war, dass eigentlich einem Dorf kein Braurecht verliehen wurde. Da aber im nahegelegenen ↗Vilseck, das damals zum Bistum Bamberg gehörte, Schlicht aber zur Kurpfalz, die Konkurrenz lauerte, machte man hier eine Ausnahme.

Neben dem Brauhaus wurde auch ein Malzhaus gebaut. Den ↗Hopfen bauten die Bürger selbst an, um ein Abfließen von Geld zu verhindern. Die Hopfengärten wurden erst Ende des 19. Jahrhunderts aufgelassen.

Im Jahr 1701 gab es in Schlicht 23 Kommunbrauer. Die Reihenfolge für das Brauen und Ausschenken wurde so ausgelost, dass stets zwei ↗Kommunbrauer miteinander brauen mussten (bis auf den einen, der übrig blieb) und dann gleichzeitig ausschenkten.

Da der erste ↗Sud bei Beginn der Brauperiode im September öfters misslang, musste für den ersten Sud kein ↗Kesselgeld bezahlt werden.

↗Felsenkeller wurden in den Jahren 1708, 1725 und 1735 in den Berg unterhalb von Kagerhof getrieben.

Um 1780 brauten die Kommunbrauer in Schlicht jährlich etwa 2.400 hl Bier und lagen damit noch vor Hahnbach (2.300 hl), Hirschau (1.300 hl) und Schnaittenbach (1.000 hl).

Am 23. April 1812 wurde das Gemeindebrauhaus und das Gemeindemalzhaus an 20 Schlichter Kommunbrauer versteigert. Diese regelten in einem Gesellschaftsvertrag ihre Rechte und Pflichten und änderten den Brauereinamen in „Gesellschaftsbrauerei Schlicht“.

Am 12. März 1968 wurde das letzte Mal Bier gebraut. Zuletzt hatte die Brauerei noch acht Gesellschafter.

Schlossbrauerei Friedenfels GmbH & Co KG

Ansprechpartner: Thomas Schultes
Straße: Gemmingenstr. 33
Ort: 95688 ↗Friedenfels
☎ *(0 96 83) 91-0 65*
🖷 *(0 96 83) 4 85*

www.schlossbrauerei-friedenfels.de
info@friedenfelser.de
Art: Privatbrauerei
Sitzplätze: Schlossschänke Friedenfels mit drei Gasträumen und 90 Sitzplätzen sowie ein Festsaal mit 240 Sitzplätzen
Biergarten: ja
Öffnungszeiten: Montag Ruhetag
Zoiglspezialität: Schwarzer Ritter
Zoiglproduktion seit: 1980
Zoiglfarbe: schwarz, Bernstein (seit 2008)
Verkauf: 0,5 l Flaschen, Fässer mit 15 l, 30 l, 50 l
Alkoholgehalt: 4,8 % Vol.
Spezialitäten: Die Friedenfelser Schlossbrennerei brennt unter Verwendung von Früchten aus heimischen Streuobstwiesen nach alten Rezepten „Weissensteiner Edelbrände“.
Wissenswertes: Das reine Quellwasser aus dem Naturpark Steinwald ist der hochwertige Rohstoff für den Zoigl.
Der Anspruch „Qualität aus dem Naturpark Steinwald“ verdeutlicht dies.

Schlossbrauerei Reuth GmbH

Ansprechpartner: Rigobert Bergler
Straße: Hauptstr. 22
Ort: 92717 ↗Reuth
(0 96 82) 22 06
(0 96 82) 40 53
www.schlossbraureuth.de
schlossbrauereireuth@t-online.de

Art: Privatbrauerei
Sitzplätze: -
Biergarten: -
Öffnungszeiten: -
Zoiglspezialität: Alt-Reuther Zoigl
Zoiglproduktion seit : 1976
Zoiglfarbe: dunkler Bernstein
Verkauf: 15 l , 20 l, 30 l Fässer und 0,5 l Schraubverschlussflasche
Alkoholgehalt: 4,8 % Vol.

Spezialitäten: Reuther Öko Lager Bier
Wissenswertes: Die Brauerei besteht urkundlich seit 1742. Bier gebraut wird bereits seit über 500 Jahren, anfangs nur für den Eigenbedarf. Ursprünglich wurde nur eine Sorte Bier hergestellt, das bekannte 'Reuther Lager'.
Heute bietet die Schlossbrauerei Reuth eine umfangreiche Produktpalette an Bieren, Limonaden, Säften und Schorlen.
Für all diese Getränke dient als Grundlage die eigene Mineralwasserquelle mit dem geschützten Namen 'Artesia'. Das mindestens 2000 Jahre alte Mineralwasser hat seinen Ursprung in einer Granitsteinschicht und sprudelt aus einem 60 m tiefen Brunnen.

Schlosshof Zoigl

Ansprechpartner: Familie Weiß
Straße: Schlosshof 13
Ort: 92670 ↗Windischeschenbach
☎ *(0 96 81) 26 60*
🖷 *(0 96 81) 91 87 72*
💻 *www.waldnaab-taler.de/zoigl/weiss.html*
📫 *in Vorbereitung*
Art: Kommunbrauer, Qualitätssiegel ↗Echter Zoigl vom Kommunbrauer
Sitzplätze: 60
Biergarten: ja (60)
Öffnungszeiten: bei Zoiglausschank Freitag bis Dienstag ab 10^{00} Uhr
Zoiglspezialität: Schlosshofzoigl
Zoiglproduktion seit: 1989
Zoiglfarbe: Bernstein
Verkauf: Ausschank, 2 l Bügelflaschen, Partyfässer 10 l, 15 l, 20 l, 30 l, 50 l
Alkoholgehalt: 5,0 % Vol.
Spezialitäten: Bauerngulasch im Brottopf, Schäuferl mit Kartoffelknödel und Sauerkraut.
Wissenswertes: dekorative Geschenkgutscheine im Preis nach Wahl.
Hier kann man auch Familienfeiern oder Vereinsfeste feiern.
Zoigltermine: telefonisch, Presse, Internet, Zoiglkalender.

Schloudfecha
Oberpfälzisch für: Kaminkehrer. Der mündlichen Überlieferung nach werden die ↗Bierpantscher von Kaminkehrern zum Antritt ihrer Strafe in die Burgruine ↗Stockenfels, die im Volksmund auch als ↗Bierpantscher-Walhalla bekannt ist, gebracht. Sie sind also eine Art Vollzugsbeamte für die irdische Biergerechtigkeit.

Schoilmichl, Zoigl-Bräukeller Schoilmichl

Ansprechpartner: Manfred Punzmann
Straße: Marktplatz 20
Ort: 92670 Neuhaus
☏(0 96 81) 13 97
🖷 (0 96 81) 91 74 27
💻 www.schoilmichl.de
Art: Kommunbrauer, Qualitätssiegel ↗Echter Zoigl vom Kommunbrauer
Sitzplätze: Bräukeller 80, Bräustüberl 24
Biergarten: ja
Öffnungszeiten: ungefähr alle fünf Wochen Freitags bis Dienstag (Infos im Internet).
Zoiglspezialität: Original Neuhauser Zoiglbier
Zoiglproduktion seit: 1952

Zoiglfarbe: Bernstein
Verkauf: 1 l Flasche, 2 l Geschenkflasche, 5 l Einwegfässer, Partyfässer 10 l -50 l
Alkoholgehalt: 4,8 % Vol.
Spezialitäten: Hopfenschnaps, Obatzter, Zoiglpass.
Wissenswertes: Die Zoiglstube „Bräukeller" befindet sich in einem ehemaligen Kuhstall mit Gewölbe und liegt direkt neben dem Neuhauser Kommunbrauhaus.

Schönsee
Ort im Landkreis ↗Schwandorf mit 2.728 Einwohnern (2006).
Schon 1333 wurde die Ansiedlung urkundlich erwähnt.
Das ↗Kommunbrauhaus hat in den 1950er Jahren seine Tätigkeit eingestellt. Es beherbergt heute das ‚Centrum Bavaria Bohemia', das grenzübergreifend vielfältige kulturelle Aufgaben wahrnimmt (www.bbkult.net).

Schwandorf
Liegt im gleichnamigen Landkreis Schwandorf und hat 30.284 Einwohner (2007).
Als „Suanicondorf" wurde die Ansiedlung erstmals im Jahr 1006 erwähnt. Die Ursprünge dürften aber bis in vorchristliche Zeiten zurückreichen.
Ab dem Jahr 1446 lassen sich vollständige Stadtrechte belegen. Die Stadt liegt an der Deutschen ↗Bier- und Burgenstraße, die das ↗Zoiglland durchquert.

In der Stadt befindet sich ein imposantes Beispiel für eine Felsenkelleranlage. Bis zu 500 Jahre alt sind die 130 Felsenkeller im Schwandorfer Berg. Sie gelten als Gär- und Lagerstätten für Bier in ihrer Ausdehnung und komplexen Anlage in Bayern als einzigartig.
Das imposante Labyrinth von 60 unterirdischen Felsenkellerräumen kann heute noch besichtigt werden.

Schwarzer Ritter
↗Schlossbrauerei Friedenfels

Schwarzfahrer
Hausschnaps der Zoiglwirtschaft d‘ ↗Eisenbahn in ↗Vohenstrauß.
Es handelt sich um eine Mischung aus Obst- und Wurzeldestillaten.
Mit seinen strammen 40 % Vol. ist dieses Gebräu nichts für Trittbrettfahrer.

Schüttung
geschrotete Malzmischung (↗Malzschrot), die für einen Brauvorgang benötigt wird.

Sperber Bräu
Ansprechpartner: Christian Sperber
Straße: Rosenberger Str. 14
Ort: 92237 ↗Sulzbach-Rosenberg

☎ (0 96 61) 87 09-0
🖷 (0 96 61) 87 09-77
💻 www.sperberbraeu.de
📫 info@sperber-braeu.de
Art: Privatbrauerei
Sitzplätze: 100
Biergarten: ja
Öffnungszeiten: Warme Küche von 11^{00} - 14^{00} Uhr und von 17^{30} - 22^{00} Uhr.
Zoiglspezialität: Sperber Bräu Zoiglbier, ↗Knorr-v.-Rosenroth Zoigl Dunkel
Zoiglfarbe: hell, dunkel bis schwarz
Verkauf: 0,5 l Flaschen, 15 l, 20 l, 30 l, 50 l, Fässer
Alkoholgehalt: 5,2 % Vol.
Spezialitäten: Das ↗Knorr-von-Rosenroth Zoigl Dunkel - ein dunkelfarbenes bis schwarzes naturtrübes Bier zu Ehren des Hofkanzlers der ehemaligen Herzog- und Hauptstadt Neuböhmens ↗Sulzbach-Rosenberg. Zur Welturaufführung der gleichnamigen Festspiele 2007 wurde dieser Zoigl zum ersten Mal gebraut.
Wissenswertes: Das Hausnummernverzeichnis der Stadt erwähnt bereits seit 1778 das heutige

Haus des Sperberbräu als Gasthof. Allerdings kommt das Geschlecht der Sperber erst wesentlich später zu diesem Anwesen. Alte Mauern sind es, die dieses Gebäude von den vielen anderen unterscheiden und ihm eine besondere Atmosphäre vermitteln.
1997 war in der jetzt vierten Generation ein ganz entscheidendes Jahr. Eine Generalsanierung, die nur vor Mauern und Decken Halt machte, wurde angegangen.
Die Verwendung von verschiedenen sichtbaren Metallen ist ein Hinweis auf die örtliche Vergangenheit in der Eisen- und Stahlerzeugung, die heute nur noch vom „Rohrwerk" der Maxhütte fortgeführt wird.
Übrigens: Hier kann man auch übernachten. Viele Zimmer eröffnen den Charme vergangener Tage.
Die Stuckdecken und das sichtbare Gebälk lassen Geschichte erleben.

Sprea'n, Zoiglwirtschaft zum Sprea'n

Ansprechpartner: Claudia Kopp
Straße: Dr.-Otto-Seidl-Str. 15
Ort: 95652 ↗Waldsassen
☎ (0 96 32) 92 32 84
🖷 (0 96 32) 92 32 84
💻 in Vorbereitung
📫 in Vorbereitung
Art: Ausschank
Sitzplätze: 70
Biergarten: Im Innenhof 100 Plätze
Öffnungszeiten: Bei Zoiglausschank Freitag ab 15^{00} Uhr, Samstag und Sonntag ab 10^{00} Uhr, Montag ab 15^{00} Uhr.
Zoiglspezialität: Zoigl
Zoiglausschank seit: November 2006
Zoiglfarbe: Bernstein
Verkauf: 2 l Flaschen, 20 l, 30 l, 50 l Fässer
Alkoholgehalt: 5,0 % Vol.
Wissenswertes: Der Name der Zoiglwirtschaft geht auf den Hausnamen zurück.
Zoigltermine: telefonisch, Presse, Internet, Zoiglkalender.

spunden
Durch die Vergärung der ↗Würze entsteht bei der Nachgärung im Gärtank Kohlensäure. In Abhängigkeit von Temperatur und Druck löst sich in der Flüssigkeit diese Kohlensäure.
Den geregelten Druckauf- und -abbau im Gärtank nennt man spunden. Gespundet wird heutzutage, um das Bier haltbarer zu machen.
Ungespundetes Bier enthält wenig bis keine Kohlensäure, was den Zoigl bekömmlicher macht. Der Zoigl ist nämlich wenig bis gar nicht gespundet.
Im Mittelalter wurde der gärende Zoigl offen in Fässer abgefüllt, wo er einige Wochen lang bei niedrigen Temperaturen ausreifen konnte. Wenn die Fässer beim Nachgären nicht geschlossen wurden, konnte die Kohlensäure entweichen. Dieser Zoigl war vollkommen „ungespundet". Wenn das Bier dann reif war, wurde es in der Stube des Hausbrauers ausgeschenkt. Es hatte nach heutigen Maßstäben sehr wenig Kohlensäure.

Stammwürze
Oftmals wird der Stammwürzegehalt mit dem ↗Alkoholgehalt verwechselt. Dabei ist die Stammwürze „nur" die Ausgangsgröße, die später u. a. für den ↗Alkoholgehalt des Zoigls verantwortlich ist. Durch ↗Gärung wird der in der Stammwürze enthaltene Zucker in Alkohol und Kohlensäure umgewandelt. Als Faustformel kann man angeben, dass aus etwa 12 °Plato in der Stammwürze etwa 4 % - 5 % Vol. Alkohol entstehen.- Stammwürze ist der Anteil, der aus dem ↗Malz und ↗Hopfen durch Kochen im ↗Wasser gelösten nicht-flüchtigen Stoffe vor dem Gärprozess. Das sind in erster Linie Malzzucker, Eiweiß, Enzyme, Proteine, Vitamine, Mineralien und biertypische Aromen aus dem ↗Hopfen. Die Stammwürze wird unter Zusatz der untergärigen ↗Hefe etwa je zu einem Drittel in Alkohol, Kohlensäure und nicht vergärbarer Restwürze vergoren. Gemessen wird der Stammwürzegehalt in ↗Grad

Plato (°P) nach dem deutschen Chemiker Dr. Fritz Plato.
Der Zoigl hat von Ort zu Ort und Braumeister zu Braumeister einen unterschiedlichen Stammwürzegehalt bewegt sich in der Regel jedoch zwischen 11 °P - 14 °P.
Die Stammwürze ist die Ausgangsgröße für die Bemessung der ↗Biersteuer. Sie wird mit der ↗Bierspindel gemessen.

Stefflwirt, Zoiglstube Stefflwirt

Ansprechpartner: Familie Summer
Straße: Kirchplatz 7
Ort: 95676 ↗Wiesau
☎ *(09634) 12 15*
🖷 *(09634) 91 40 15*
💻 -
📫 -
Art: nur Ausschank, aber Zoigl wird speziell für den Stefflwirt gebraut

Sitzplätze: 80
Biergarten: ja
Öffnungszeiten: Donnerstag bis Samstag ab 11^{30} Uhr, Sonntag ab 10^{00} Uhr
Zoiglspezialität: Hauszoigl
Zoiglproduktion seit: 2005
Zoiglfarbe: Bernstein
Verkauf: Ausschank 1 l, 2 l Flaschen, 15 l Partyfass.
Alkoholgehalt: 4,8 % Vol.
Spezialitäten: Schmankerl aus der hauseigenen Metzgerei.
Wissenswertes: Die Gaststätte ist nach eigenen Angaben die älteste im ehemaligen Gerichtsbezirk Wiesau und wurde bereits im Jahr 1465 urkundlich erwähnt.
Zoigltermine: telefonisch, Presse, Internet.

Stern, Zoiglstube Stern

Ansprechpartner: Heinrich Lindner
Straße: Neustädter Str. 24
Ort: 92670 ↗Windischeschenbach

☏ *(0 160) 1 65 96 48*
🖷 -
💻 *www.waldnaab-taler.de/zoigl/stern.html*
📫 -
Art: Kommunbrauer, Qualitätssiegel ↗Echter Zoigl vom Kommunbrauer
Sitzplätze: 100
Biergarten: ja
Öffnungszeiten: bei Zoiglausschank Freitag bis Montag ab 9^{00} Uhr
Zoiglspezialität: Haus-Zoigl
Zoiglproduktion seit: 1988
Zoiglfarbe: Bernstein
Verkauf: Ausschank, Partyfässer 5 l, 10 l, 15 l, 20 l, 30 l, 50 l
Alkoholgehalt: 4,9 % Vol.
Spezialitäten: wechselnde warme Schmankerl und deftige oberpfälzer Brotzeiten
Wissenswertes: Die Zoiglstube befindet sich in einem der ältesten Häuser Windischeschenbachs. Es ist über 500 Jahre alt.
Zoigltermine: telefonisch, Presse, Internet, Zoiglkalender

Streuvados
Beliebter Schnaps, der in zahlreichen Zoiglstuben ausgeschenkt wird. Die Brennerei von Wolfgang Kriechenbauer aus Störnstein stellt den Edelbrand beinahe ausschließlich aus Obst aus den Ortschaften Ilsenbach, Schlattein und Püchersreuth her.
Es ist ein Apfelbrand aus sieben Sorten, der im kleinen französischen Limousin-Eichenfass reift.
Daneben bieten viele Zoiglstuben weitere Spezialitäten wie Oberpfälzer Sauerkirschbrand und den Brand vom ‚blauen Kriecherl' an.

Stockenfels
Die Burgruine Stockenfels liegt auf einem 120 Meter hohen Granitfels hoch über dem Fluss Regen bei Fischbach im Landkreis Schwandorf. Sie wurde um 1340 erbaut und im Dreißigjährigen Krieg (1618-1648) zerstört.

Bei den Einheimischen wird die Ruine auch Bierpantscher-Walhalla genannt. Um sie rankt sich ein wahrhaft gruseliger Sagenschatz:
Auf die Burgruine sind nach dem Volksmund die bösen Geister verdammt. Vor allem Bierbrauer, Wirte und unredliche Kellner(innen), die ihren Gästen durch Betrug (schlechtes Einschenken) oder gestrecktes Bier geschadet haben.
Der Sage nach haben sie Kaminkehrer (↗Schloudfecha, ↗Schafferhof) dorthin hinbringen und in eine Flasche einsperren müssen.
Glaubt man der Sage, dann öffnet sich zur Geisterstunde der bis dahin nicht sichtbare Burgbrunnen. Eine Leiter mit unendlich viel Sprossen führt vom Brunnengrund bis zur Spitze des im Mondlicht schimmernden Bergfrieds. Die gehörnten Teufel der Burg zwingen die verbannten Bierpantscher auf die unendliche Leiter bis alle Sprossen besetzt sind.

Nun beginnt am unteren Ende der Leiter einer der Teufel mit dem Befüllen von Eimern mit Wasser. Diese Eimer reicht er weiter an die Büßer, die diese in einer endlosen Kette bis ganz nach oben transportieren müssen. An der Spitze der Leiter wartet der Oberteufel, der die Wassereimer über die Burgmauer schüttet: Nacht für Nacht bis ans Ende der Zeiten hört man das Jammern der armen Geschöpfe.
Die Weiher am Fuße der Burg trocknen übrigens niemals aus, weil es angeblich von Tag zu Tag mehr werden, die hier für ihr schändliches Tun zur Rechenschaft gezogen werden.

Je nach Schwere ihres Vergehens werden die Bierbrauer übrigens auch gezwungen, bis in alle Ewigkeit ihr gepantschtes Gebräu trinken zu müssen.
Übrigens werden auch die Neugierigen für ihr Verhalten bestraft, was uns die Sage über die sechs Burschen berichtet, die aus lauter Neugierde um Mitternacht die Burg besucht haben. Denn pünktlich zur Geisterstunde sind aus dem Burgbrunnen 12 Männer gestiegen, die die jungen Männer zum Kegeln einluden.
Nun wurde bis Schlag 1 Uhr mit Kegeln aus reinem Gold gespielt. Dann haben die Geister die übermütigen Männer fürchterlich verprügelt, weil sie deren Ruhe gestört hatten. Danach wurden die Neugierigen unsanft aus der Burg befördert, jedoch jedem eine Goldkugel nachgeworfen. Diese Beute ließen sich die Jungen nicht entgehen und versuchten sie mit nach Hause zu schleppen. Die Kugeln wurden aber immer schwerer, dass die Burschen aus Erschöpfung auf dem nachhause Weg starben.
Nach gut informierten Kreisen sollen die Plätze für den heimatnahen Strafvollzug auf der Burgruine Stockenfels möglicherweise sehr knapp sein, da sich immer wieder neue Insassen qualifizieren (z.B. alljährlich auf dem Oktoberfest in München!).
Der Theater- und Festspielverein in Nittenau führt übrigens Jahr für Jahr an mehreren Terminen eine „Geisterwanderung“ durch. Nähere Infos: www.geisterwanderung.de

Ströhern, Eslarner Zoiglstum beim Ströhern
Ansprechpartner: Albert Grießl
Straße: Tillystr. 4
Ort: 92693 ↗Eslarn
☎ *(0 96 53) 13 55*
🖷 *(0 96 53) 92 98 40*
💻 *www.zoiglstum.de*
📫 *griessl@zoiglstum.de*
Art: Kommunbrauer, Qualitätssiegel ↗Echter Zoigl vom Kommunbrauer
Sitzplätze: 45

Biergarten: ja
Öffnungszeiten: ab 14^{00} Uhr an Zoiglwochenenden.
Zoiglspezialität: Zoigl
Zoiglproduktion seit: März 1996
Zoiglfarbe: Bernstein
Verkauf: 3 l Zoiglflasche, Partyfässer 10 l, 15 l, 20 l, 30 l
Alkoholgehalt: 5,1 % Vol.
Spezialitäten: ↗Ströherndiesel, Schlachtschüsselessen, Zoiglbrotzeiten, oberpfälzer Spezialitäten, hausgemachte Kuchen und Torten.
Wissenswertes: Alle Speisen und das Zoiglbier aus eigener Herstellung bzw. Hausschlachtung. Eigene Schnapsbrennerei.
Zoigltermine: telefonisch, Presse, Internet, Zoiglkalender.

Ströherndiesel
Brand aus Zoiglbier mit 40 % Vol. Es gibt ihn in 0,5 l Flaschen in der Zoiglstube „Zum ↗Ströhern".

Stromhias, Zoiglstube Stromhias

Ansprechpartner: Andrea und Matthias Niekrawietz
Straße: Jahnstr. 21
Ort: 92696 Flossenbürg
☎ (0 96 03) 9 10 20
🖷 (0 96 03) 9 10 21
💻 www.stromhias.de
📫 info@stromhias.de
Art: Zoiglstube
Sitzplätze: 45
Biergarten: ja
Öffnungszeiten: alle 4-5 Wochen von Dienstag bis Freitag 11^{00} – 0^{00} Uhr, Samstag und Sonntag 10^{00} – 0^{00} Uhr. Genaue Termine unter www.stromhias.de
Zoiglspezialität: Zoigl von ↗Hartwich-Zoigl, Mitterteich
Zoiglfarbe: Bernstein

Verkauf: Flaschen zu 2 bzw. 3 l, Fässer mit 10 l, 15 l ,20 l, 30 l
Alkoholgehalt: 5,1 % Vol.
Spezialitäten: regionale Schnäpse
Zoigltermine: telefonisch, Presse, Internet, Zoiglkalender.

Sud
↗Brauvorgang

Sud- oder Würzepfanne
Im übertragenen Sinne ist die Sud- oder Würzepfanne ein überdimensionaler Kochtopf, in der die Würze erhitzt wird, um die erwünschten Inhaltsstoffe aus dem ↗Malzschrot zu lösen. Darin wird auch die ↗Würze fertig gekocht, bevor sie abgekühlt und zum ↗Gären und dem anschließenden Lagern gebracht wird. Viele Brauereien besitzen noch heute Sudpfannen aus blank poliertem Kupfer. Industrieanlagen bestehen in der Regel aus rostfreiem Edelstahl.

Sudhaus
Im Sudhaus werden alle Brauvorgänge bis auf das Versetzen der Würze mit ↗Hefe, die ↗Gärung und die Lagerung durchgeführt. Dort stehen ↗Maisch(e)bottich, ↗Läuterbottich und die ↗Sud- oder Würzepfanne.

Sulzbach-Rosenberg
Stadt im Landkreis Sulzbach-Rosenberg mit 20.409 Einwohnern (2006).
Sie entstand im Jahr 1934 aus der Zusammenlegung der Stadt Sulzbach mit der Gemeinde Rosenberg.
Die Stadt ist ein bedeutender Schauplatz mit über tausendjähriger Geschichte. Ausgrabungen bele-

gen, dass die Anfänge der Besiedlung bis ins frühe 8. Jahrhundert zurückreichen.
Noch heute zeugt die mächtige Burganlage aus karolingischer Zeit von dieser Epoche.
Zoigl gibt's hier:
↗Sperber Bräu

Tännesberg
Markt im Landkreis Neustadt a. d. Waldnaab mit 1.544 Einwohnern (2006).
Der erste Nachweis findet sich in einer Urkunde des Klosters Reichenbach im Jahre 1150. Der Name der Ortschaft geht wohl auf Otto de Tegeninsperc zurück, der im Zusammenhang mit dieser Urkunde in geschichtliche Erscheinung tritt.
Heute ist Tännesberg ein staatlich anerkannter Erholungsort, der mit seiner Pferdewallfahrt immer am vierten Wochenende im Juli am Namenstag des Hl. Jodok eine große Anziehung ausübt. Der Tradition verpflichtet, erfüllen die Tännesberger ihr im Jahr 1796 abgelegtes Gelübde der Pferdewallfahrt. Teilweise bis zu 150 Reiter, manchmal in historischen Gewändern auf herausgeputzen Pferden, ziehen durch den Marktflecken hinauf zur Kirche.
In Tännesberg kann man auch auf dem Geologischen Lehrpfad oder auf Bayerns längstem Obstlehrpfad wandern.
Das hauptsächlich hier entstandene und als Regionalinitiative anerkannte ‚Rebhuhnprojekt' (Ver-

besserung des Lebensraumes für die stark bedrohten Rebhühner) gab die Idee zum ↗Rebhuhnzoigl.
Zoigl gibt's hier:
Wirtshaus ↗Lederer
Hotel ↗Wurzer

Teicher, Zoiglstube Teicher
Ansprechpartner: Otto Punzmann
Straße: Marktplatz 4
Ort: 92670 Neuhaus
☎ *(0 96 81) 21 28*
🖷 -
💻 *www.zoiglbier.de/neuhaus/index.html*
📧 *j.punzmann@t-online.de*
Art: Kommunbrauer, Qualitätssiegel ↗Echter Zoigl vom Kommunbrauer
Sitzplätze: 2 Räume insgesamt 80
Biergarten: Innenhof
Öffnungszeiten: alle fünf Wochen am Wochenende ab 10^{00} Uhr
Zoiglspezialität: Teicher-Zoigl
Zoiglproduktion seit: 1967

Zoiglfarbe: Bernstein
Verkauf: 1 l Flaschen, Partyfässer zwischen 10 l - 50 l
Alkoholgehalt: -
Stammwürze: 11 °P
Spezialitäten: Hausmacherbrotzeit aus eigener Schlachtung
Wissenswertes: eigener Felsenkeller, Bewirtung auch nach Terminvereinbarung.
Zoigltermine: telefonisch, Presse, Internet.

Temperaturführung
Die genaue Temperaturführung beim ↗Maischen ist vor allem deshalb so wichtig, weil jedes Enzym seine maximale Wirkung bei einer ganz bestimmten Temperatur entfaltet. Die Idealwerte liegen im Bereich zwischen 35°C - 78°C. Bei höheren

Temperaturen werden diese Enzyme zerstört, was später beim ↗Würzekochen geschieht und erwünscht ist.

Tirschenreuth

Kreisstadt im gleichnamigen Landkreis mit 9.301 Einwohnern (2007). Geburtsort des bekannten Mundartforschers Johann Andreas Schmeller (1785-1852).
Bei der Stadterhebung von Tirschenreuth im Jahr 1364 durch Abt Johann V. von ↗Waldsassen wurde den Bürgern auch das Braurecht verliehen. 1481 wurde festgelegt, dass der Pfarrer und der Richter ihren Haustrunk unentgeltlich brauen lassen durften.

Die Belieferung des Ortes Schwarzenbach war 1541 ein Streitfall mit ↗Bärnau. Das Malzhaus bei der Schlossmühle und die Schlossmühle wurden ab 1576 vom Kurfürsten für jährlich 3 Gulden und 3 Kar Korn gepachtet.
Das Kommunbrauhaus in Tirschenreuth wurde abgerissen. An dieser Stelle ist heute ein Park.
Im Jahr 1653 erhält Tirschenreuth eine Brauordnung, in der 2 Brauhäuser erwähnt werden.
1864 gab es noch 190 brauberechtigte Bürger.
In den 1930er Jahren wurde für die Erweiterung des Sparkassengebäudes das zum Gasthof Schwan gehörende Malzhaus für 14.000 Reichsmark gekauft und abgebrochen.
In Brauereiadressbüchern erscheint der „Schwanenbräu“ das letzte Mal im Jahr 1943, das ↗Kommunbrauhaus Tirschenreuth im Jahr 1944.
Zoigl gibt's hier:
↗Postgassl
Zoiglstüberl Zum ↗Boderfuchs

Treber
Die ausgelösten festen Rückstände der Braugerste bezeichnet man als Treber. Er wird als nahrhaftes Futter für die Viehhaltung weiter verwendet.

Trinktemperatur
Die optimale Trinktemperatur des Zoigls liegt bei etwa 8 °C. Im Biergarten oder in der gut geheizten Zoiglstube bildet sich dann an der Glas- oder Krügelaußenseite ein frischer Hauch von kühlem Kondenswasser, das beim Ablaufen vom ↗Bierfilzl aufgenommen wird.

Trub
↗Kochtrub

Trübung
Früher galt eine Trübung im Bier als sicherer Brau- bzw. Lagerungsfehler. Das Bier war von

vorneherein ungenießbar. Ursachen findet man bei der Herstellung beispielsweise in der Unsauberkeit, aber auch durch Rückstände in Form von Hefen, Bakterien, Bierwürzebestandteilen, Eiweißstoffen.

Auslöser für Trübung ist aber auch zu kalte Lagerung, z. B. im Eisschrank. Beim Zoigl ist diese Trübung durchaus erwünscht und macht den Charakter des ↗Echten Zoigls aus.

Ungeld
Welch ein zutreffendes Wort für eine Steuer! Schon ab dem 13. Jahrhundert wurden von den Landesfürsten Abgaben (Ungeld) auf alkoholhaltige Getränke erhoben. Einen Teil durften die Gemeinden behalten, den Rest erhielten die Landesfürsten. Nachdem diese Verbrauchsteuer nicht unerheblich Geld in die Kassen spülte, waren die Brauhäuser oftmals die ersten Gebäude, die nach kriegerischen Auseinandersetzungen in Stand gesetzt wurden.

ungespundet
↗spunden

untergärig
↗Hefe

Veranstaltungen
Hinweise über Veranstaltungen rund um den Zoigl findet man bequem beim Ticketservice www.oberpfalzkarten.de bzw. www.okticket.de (hier kann man die Eintrittskarten selbst ausdrucken) und in der örtlichen Tageszeitung.
Außerdem gibt es kostenlos umfangreiche Informationen auf der Homepage der Ferienregion ↗Oberpfälzer Wald (www.oberpfaelzerwald.de) oder im Zoiglportal der Region (www.zoiglbier.de).

Verbreitungsgebiet
„Wir befinden uns im Jahre 2008 n. Chr. Ganz Deutschland ist besetzt von belgisch-amerikanisch-südafrikanischen Braukonzernen mit einförmig schmeckendem Industriebier... Ganz Deutschland? Nein!

Ein von unbeugsamen Oberpfälzern bevölkerter Landstrich nördlich der Donau hört nicht auf, den Eindringlingen Widerstand zu leisten. Und das Leben ist nicht leicht für die ausländischen Braugiganten. Denn nicht nur die Zoiglbrauer aus ↗Mitterteich, ↗Falkenberg, ↗Eslarn, ↗Windischeschenbach und ↗Neuhaus setzen sich im ↗Zoiglland mit ihrem ↗Echten Zoigl erbittert zur Wehr..." (Frei nach dem Comic-Helden Asterix)

Vilseck
Ort im Landkreis Amberg-Sulzbach mit 6.454 Einwohnern (2007).
Als im Jahr 1528 den Einwohnern von ↗Schlicht das Brauen erlaubt wurde, bestand in Vilseck schon lange ein ↗Kommunbrauhaus. Da Vilseck zum Bistum Bamberg, Schlicht aber zur Kurpfalz gehörte, sollten die Einwohner von Schlicht nicht mehr zum Biertrinken nach Vilseck gehen, sondern selbst am Ort brauen und Abgaben zahlen.
Das städtische Brauhaus in Vilseck wurde im Jahr 1546 neu errichtet.
Neben dem Spital stand ein altes Malzhaus, das erst 1829 abgerissen wurde. Ein weiteres Malzhaus im Badgäßlein wurde 1570 ausgebessert, ein Malzhaus neben der Schloßbrucken wurde 1579 errichtet.
Aus dem Jahr 1643 ist eine Brauordnung erhalten. Ab 1702 wurden in Vilseck Felsenkeller gegraben.
Das städtische Brauhaus wurde 1815 vollständig erneuert, eine neue kupferne ↗Sudpfanne, die den eisernen Braukessel ersetzte, wurde 1843 für 2.371 Gulden beschafft, eine kleine, kupferne Konvent-Pfanne kostete 147 Gulden und 42 Kreuzer. In die zwei Malzhäuser wurden im gleichen Jahr „englische" Malzdarren für 1.800 Gulden beschafft, in denen das ↗Malz nicht mehr direkt mit dem Rauch, sondern indirekt mit heißer Luft ↗gedarrt werden konnte.
Durch den Rückgang der Eisenhämmer wurde jedoch immer weniger Bier getrunken. 1863 wurden nur noch 70 ↗Sud gebraut.

In den 30er Jahren brauten nur noch vier ↗Kommunbrauer, zwei weitere schenkten Bier in den Wintermonaten aus.
In einem Adressbuch wird die ↗Kommunbrauerei Vilseck mit den Inhabern Weiß, Hammer und Pröls das letzte Mal 1958 erwähnt.
In Vilseck befindet sich im Vogelturm seit dem Jahr 2000 das erste deutsche „Türmermuseum" mit zahlreichen Exponaten zur Geschichte insbesondere der oberpfälzischen Turmwächter.

Vinzenz, Zoiglwirtschaft „Zum Vinzenz"
Ansprechpartner: Andrea und Manfred Neidhardt
Straße: Dorfhammerles 21
Ort: 92711 ↗Hammerles
☏ *(0 96 02) 61 67 16*
🖷 -
💻 *www.zum-vinzenz.de*
📫 *AndreaNeidhardt@web.de*
Art: Zoiglausschank
Sitzplätze: 35
Biergarten: ja
Öffnungszeiten: Montag, Freitag ab 17^{00} Uhr, Sonntag Frühschoppen 9^{00} - 12^{00} Uhr
Zoiglspezialität: Neuhauser Zoigl
Zoiglfarbe: Bernstein
Verkauf: nur Ausschank
Alkoholgehalt: 5,2 % Vol.
Spezialitäten: Vinzenzbredl (Brotzeitplatte) Hammerleser Wurstsalat mit Brot, Zoiglkas mit Essigsud und Brot, Kriechenbauer Liköre und Geiste (↗Streuvados).
Wissenswertes: Musikantentreffen zum Zoiglausschank
Zoigltermine: telefonisch, Presse, Internet.

Vohenstrauß
Stadt im Landkreis ↗Neustadt a. d. Waldnaab, 7.688 Einwohner (2006). Wahrzeichen der ehemaligen Kreisstadt

ist das Schloss Friedrichsburg. Es war im 16. Jahrhundert die Residenz des Pfalzgrafen Friedrich. In Vohenstrauß musste das Kommunbrauhaus 1859 nach dem Stadtbrand neu errichtet werden, ein Malzhaus, in dem noch bis zum Zweiten Weltkrieg gemälzt wurde, kam 1860 dazu.
Zoigl gibt's hier:
Zoiglwirtschaft d'↗Eisenbahn
Brauerei ↗Behringer

Voit, Zoigl beim Voit

Ansprechpartner: Josef Voit
Straße: Neuenhammerstr. 20
Ort: 92714 ↗Pleystein

☎ *(0 96 54) 12 55*
🖷 *(0 96 54) 12 57*
💻 *www.zoigl-voit.de*
📫 *zoigl.voit@t-online.de*
Art: Zoiglstube
Sitzplätze: 100
Biergarten: ja
Öffnungszeiten: Mittwoch bis Samstag ab 17^{00} Uhr, Sonntag ab 10^{00} Uhr geöffnet. Sonst nach Vereinbarung.
Zoiglspezialität: Zoigl vom Kommunbrauhaus Eslarn
Zoiglausschank seit: 1997
Zoiglfarbe: Bernstein
Verkauf: Ausschank in Zoiglstube
Alkoholgehalt: 5 % Vol.
Spezialitäten: Eigene Wurstherstellung. Voit's deftiges Brotzeitbrettl - fein garniert, g'würzta Kas und ofenfrische Brezn, knusprige Schweinshaxn mit Brot. Im Sommer gibt's auch verschiedene Schmankerln vom Grill.
Wissenswertes: In Pleystein gehörte früher das ↗Kommunbrauhaus zu den bedeutendsten Gebäuden der Stadt. Das Braurecht war auf 130 Häuser beschränkt und noch in den 1950er Jahren wurde Zoiglbier gebraut.

Da dieses Braurecht auch auf dem Haus der Zoiglstube Voit lag, hat man dort im Jahr 2000 diese alte Tradition wieder aufleben lassen. Mit Hilfe des ↗Kommunbrauhauses in ↗Eslarn wird dort die ↗Maische für das Zoiglbier gekocht und gehopft.
Der ↗Sud wird dann nach Pleystein gebracht und hier nach eigenem Rezept im hauseigenen Gärtank weiter verarbeitet. Zum Ausschank dieses selbst gebrauten Zoiglbiers wurde die ehemalige Spenglerwerkstatt zu einer urigen Zoigl-Stub'n umgebaut. Das „etwas andere" Ambiente im Bierzeltcharakter wird von den Gästen gerne angenommen. Die Zoiglsubn ermöglicht durch flexible Gestaltung der Einrichtung Veranstaltungen jeder Art zu einem gemütlichen Ereignis werden zu lassen.
Zoigltermine: telefonisch, Presse, Internet.

Vollbier
Vollbier ist eine Biergattung mit einem ↗Stammwürzegehalt zwischen 11 °P - 16 °P. Der Zoigl zählt somit dazu. Knapp 96 % aller deutschen Biere sind Vollbiere.

Vorderwürze
Im ↗Läuterbottich werden die festen Bestandteile (↗Treber) der ↗Würze durch einen Siebboden von der Flüssigkeit getrennt. Damit wird die Vorderwürze gewonnen. Diese wird dann später mit der dünneren ↗Nachwürze vermischt.

Wagerer Stodl
Ansprechpartner: Else und Dieter Menzl
Straße: Lichtensternstr. 8
Ort: 92711 Parkstein
☎ *(0 96 02) 49 06*
🖷 -
💻
✉ *kerstin.menzl@t-online.de*
Art: Zoiglausschank
Sitzplätze: 60
Biergarten: 40 Plätze

Öffnungszeiten: Bei Zoiglausschank (1 x im Monat) Freitag ab 17^{00} Uhr, Samstag und Sonntag ab 14^{00} Uhr
Zoiglspezialität: Zoigl
Zoiglausschank seit: 2008
Zoiglfarbe: Bernstein
Verkauf: nur Ausschank
Alkoholgehalt: 5,1 % Vol.
Spezialitäten: Oberpfälzer Brotzeiten, Sulz, Wurstsalat, sauerer Käse.
Wissenswertes: Das Anwesen hat früher als kleine Landwirtschaft gedient. Zur 950-Jahr-Feier (2003) wurde der Stodl als Feststodl genützt. Diese Feiertradition wird nun fortgeführt und eine Zoiglstube für den Ausschank auch in der kalten Jahreszeit eröffnet.
Zoigltermine: telefonisch, Presse, Internet.

Waidhaus
Markt im Landkreis ↗Neustadt a. d. Waldnaab, 2.450 Einwohner (2007). Der Markt liegt unweit der Grenze zu Tschechien und ist durch den Grenzübergang zur Nachbarrepublik bekannt.
In Waidhaus wurde das ↗Kommunbrauhaus 1520 durch einen Brand zerstört.
Kroaten zerstören im 30-jährigen Krieg 1634 ein weiteres Mal das Brauhaus.
Ein neues Brauhaus wurde 1636 aus Holz an der Stelle des heutigen Kriegerdenkmals errichtet.
Das 1913 erbaute Kommunbrauhaus in Waidhaus wurde im Jahr 1978 abgebrochen.

Waldershof
Stadt im Landkreis ↗Tirschenreuth mit 4.555 Einwohnern (2007).
1463 Abt Nikolaus IV. erteilt den Waldershofer Bürgern das Braurecht.
1598 wurde das Brauen des braunen Bieres unter Herzog Friedrich IV. zu einem vorzüglichen Wirtschaftszweig.
1638 wurde nach dem 30-jährigen Krieg die Mass um zwei Pfennig verteuert. Sie kostete nun drei Kreuzer. Dieser Preisanstieg bewirkte, dass die Menschen weniger Bier tranken.

1748 brannten durch Blitzschlag alle 114 Häuser am Markt von Waldershof. Auch das Brauhaus brannte komplett ab.
1807 wurde das Brauhaus erneut ein Raub der Flammen. Aber auch dieses Mal wurde es rasch wieder aufgebaut (↗Ungeld).
1871 beschloss man ein neues, massives Brauhaus am Stadelweiher zu errichten, da das alte Brauhaus im Badgarten erheblicher Reparatur bedurfte.
1872 wurde der Neubau des Brauhauses beendet.
1995 wurde das Brauhaus in eine „Erlebnisgaststätte" umgebaut. Dabei wurde größter Wert darauf gelegt, dass möglichst viel von der alten Substanz erhalten blieb.
Im März 1996 wurde große Eröffnung gefeiert.
Zoigl gibt's hier:
↗Waldershofer Brauhaus
↗Dameradl

Waldershofer Brauhaus

Ansprechpartner: Carsten Linke
Straße: Walbenreuther Str. 4
Ort: 95679 ↗Waldershof
☎ *(0 92 31) 7 27 00*
🖷 -
💻 -
📫 -
Art: Zoiglausschank
Sitzplätze: 120
Biergarten: ja
Öffnungszeiten: Montag von 9^{00}-12^{00} Uhr und ab 17^{00} Uhr, Dienstag Ruhetag, Mittwoch und Donnerstag ab 17^{00} Uhr , Freitag und Samstag ab 17^{00} Uhr, Sonntag ab 9^{00} Uhr.
Zoiglspezialität: Haus-Zoigl
Zoiglausschank seit: 2002
Zoiglfarbe: Bernstein
Verkauf: nur Ausschank und in mitgebrachte Gefäße.
Alkoholgehalt: ungefähr 5,0 % Vol.
Spezialitäten: Donnerstag Kronfleisch, Sonntag warmer Mittagstisch.

Wissenswertes: 1996 wurde das Kommunbrauhaus in eine Erlebnisgaststätte umgebaut.
Zoigltermine: alle 14 Tage übers Wochenende

Waldhauser, Zum Waldhauser

Ansprechpartner: Doris und Josef Schmid

Straße: Freyung 26
Ort: 92660 Neustadt/WN
☎ *(0 96 02) 93 98 98*
📠 *(0 96 02) 93 98 97*
💻 -
✉ -
Art: Ausschank
Sitzplätze: 80 (mit Stodl)
Biergarten: ja
Öffnungszeiten: bei Zoiglausschank von Freitag bis Dienstag ab 10^{00} Uhr
Zoiglspezialität: Zoigl vom ↗Schoilmichl
Zoiglproduktion seit: 5. Dezember 2002
Zoiglfarbe: Bernstein
Verkauf: nur Ausschank und Abfüllung in mitgebrachte Behälter.
Alkoholgehalt: 4,8 % Vol.
Spezialitäten: deftige oberpfälzer Brotzeiten mit wechselnden Schmankerln.
Wissenswertes: ehemaliges Ackerbürgerhaus bestehend aus Wohnstallhaus mit abgewinkeltem Stadlanbau. Urkundlich erstmals im Jahr 1812 erwähnt. Denkmalschutzmedaille.
Zoigltermine: telefonisch, Presse, Internet, Zoiglkalender.

Waldsassen

Stadt im Landkreis ↗Tirschenreuth mit 7.308 Einwohnern (2007).

Bekannt ist Waldsassen vor allem durch das Zisterzienserinnen-Kloster mit seiner einzigartigen Bibliothek und der reich geschmückte Stiftsbasilika.

Am alten Kommunbrauhaus in Waldsassen, direkt hinter dem Kloster gelegen, befindet sich eine Plakette mit folgender Aufschrift:

In hoCCe
praXatorIo erreCto
sVb abbate
eVgenio
CoCta est oCtob
rIs nona prIMa
cereVIsIa

Die Übersetzung lautet: „In diesem (Kloster-) Brauhaus, errichtet unter Abt Eugenius, wurde am 9. Oktober das erste Bier gebraut."
Liest man die groß geschriebenen Buchstaben zusammen, ergibt sich die Jahreszahl 1731. In dieser Zeit machten nicht weniger als 48 von 220 Häusern Gebrauch von ihrem Braurecht.

Zoigl gibt's hier:
Zum ↗Sprea'n

Weiden i. d. OPf.
Kreisfreie Stadt mit 42.577 Einwohner (2007). Sehenswert ist vor allem die Altstadt mit einigen gut erhaltenen Resten der mittelalterlichen Stadtmauer. Berühmter Sohn der Stadt ist der Komponist Max Reger (1873-1916), der

hier in seinen Jugendjahren glücklich lebte.
Ältester Nachweis einer ↗Kommunbrautradition datiert aus dem Jahr 1523.
Zoigl gibt's hier:
↗Bräuwirt
Zoiglstüberl ↗Iblacker
Gasthaus Schwedentisch

Weiding
Gemeinde im Landkreis Schwandorf mit 2.592 Einwohnern (2006). Sie hat 14 Ortsteile.
Zoigl gibt's hier:
Landgasthof zum ↗Frauenstein

Weißer Schwan, Gasthof-Metzgerei zum Weißen Schwan

Ansprechpartner: Hermann Schrembs
Straße: Pfarrplatz 1
Ort: 92670 ↗Windischeschenbach
☏ *(0 96 81) 12 30*
(0 96 81) 14 66
www.schwanerer.de
schwanerer@t-online.de
Art: Kommunbrauer, Qualitätssiegel ↗Echter Zoigl vom Kommunbrauer
Sitzplätze: 25-120
Biergarten: ja
Öffnungszeiten: Samstag Ruhetag, Sonntag Abend geschlossen.
Zoiglspezialität: Zoigl
Zoiglproduktion seit: 2002
Zoiglfarbe: Bernstein
Verkauf: nur Ausschank
Alkoholgehalt: 5,0 % Vol.
Spezialitäten: Klassische Gerichte, deftige Schmankerl, Wildgerichte aus eigener Jagd, köstliche Fischspezialitäten aus eigenen Gewässern.
Wissenswertes: Der Gasthof mit eigener Metzgerei steht idyllisch im Ortszentrum gleich neben der Kirche und ist seit 1859 in der 5. Generation in Familienbesitz.
Die hausgemachten Fleisch- und Wurstwaren werden auch zum Mitnehmen angeboten.

Außerdem gibt es einen Partyservice. Der Saal kann für Betriebs-, Jubiläums- und Familienfeierlichkeiten gemietet werden. Übernachtungsmöglichkeiten gibt es in den geschmackvoll eingerichteten Zimmern.

Weißes Brauhaus

Ansprechpartner: Anna Mehringer
Straße: Webergasse 16
Ort: 92431 ↗Neunburg
☎ (0 96 72) 8 71
🖷 (0 96 72) 51 20
💻 www.mehringer-weissbier.de
📫 info@mehringer-weissbier.de
Art: Privatbrauerei
Sitzplätze: Brauereigaststätte derzeit geschlossen
Biergarten: nein
Öffnungszeiten: -
Zoiglspezialität: Hussiten Zoigl
Zoiglproduktion seit: 1998
Zoiglfarbe: Bernstein
Verkauf: 0,5 l Flaschen
Alkoholgehalt: 5,0 % Vol.

Wissenswertes: Im Gegensatz zu allen anderen Zoiglbieren der Oberpfalz ist dieser Zoigl ein Weizenbier und mit obergäriger Hefe gebraut. Die Brauerei Mehringer gibt es seit 1354. Sie gehört nach eigenen Angaben zu den 100 ältesten Brauereien Deutschlands und liegt altersmäßig in Bayern auf Platz 26.

Weißes Ross, Gasthof-Hotel Weißes Ross GmbH

Ansprechpartner: Hugo Schiml
Straße: Therese-Neumann-Platz 4-6
Ort: 95692 Konnersreuth
☎ (0 96 32) 41 14
🖷 (0 96 32) 10 14
💻 www.gasthof-schiml.de
📫 info@gasthof-schiml.de
Art: Zoiglausschank
Sitzplätze: 400

Biergarten: Terrassenbetrieb
Öffnungszeiten: warme Küche 11^{00}-14^{00} Uhr und 17^{00}-22^{00} Uhr
Zoiglspezialität: Zoigl vom Fass aus der Brauerei Würth
Zoiglfarbe: dunkel
Verkauf: nur Ausschank
Alkoholgehalt: 5,3 % Vol.
Spezialitäten: Frischgebackenes Brot aus dem eigenen Holzbackofen, frische Schweinshaxn aus dem Holzbackofen
Wissenswertes: Hier kann man auch übernachten. Es gibt 60 Betten in modernen Einzel- und Doppelzimmern.

Welttag des Bieres
Am 23. April 1516 wurde das ↗Bayerische Reinheitsgebot erlassen. Aus diesem Grund wurde von der UNESCO dieser Tag zum Gedenktag erhoben. Übrigens ist an diesem Tag zugleich der „Welttag des Buches“. Eine geniale Kombination!

Wiesau
Markt im Landkreis ↗Tirschenreuth mit 4.308 Einwohnern (2007). Wahrscheinlich begann die Besiedlung des Gebietes um Wiesau im 11. Jahrhundert. Urkundlich zum ersten Mal erwähnt wird der Ort 1281 im Zusammenhang mit dem Zisterzienserklosters ↗Waldsassen.
Zoigl gibt's hier:
Zoiglstube ↗Stefflwirt

Windischeschenbach
Stadt im Landkreis ↗Neustadt a. d. Waldnaab mit 5.489 Einwohnern.
Hier befindet sich das tiefste Loch der Erde, das KTB (Kontinentale Tiefbohrprojekt) mit seinem 83 m hohen Bohrturm. Von 1987 - 1995 wurde hier eine Hauptbohrung bis 9.101 m unter die Erdoberfläche vorgetrieben.
Die Stadt wird inzwischen auch als „Zoiglbierhauptstadt“ bezeichnet und gilt neben dem Ortsteil ↗Neuhaus als Epizentrum der Zoigltradition.

Es gibt hier heute noch ein aktives ↗Kommunbrauhaus, das im Rahmen einer Stadtführung besichtigt werden kann. Die ↗Kommunbrautradition geht bis ins Jahr 1455 zurück, in dem die Stadt das Braurecht erhielt. Von den 38 Anteilshabern brauen nur noch zehn aktiv. Im Jahr werden etwa 60 Sud der ↗Kommunbrauer gebraut.

Sogar Bierfreunde aus dem angloamerikanischen Raum haben die Zentren des Zoigls entdeckt (roughly pronounced in English „Vindish Eshenback" and „Noy House", www.whitebeertravels.co.uk/zoigl.html).

Hier gibt es Zoigl:
Zoiglschänke ↗Loistl
Da ↗Roude
↗Wolframstubn
↗Schlosshof Zoigl
↗Oberpfälzer Hof
Zum ↗Weißen Schwan
Zum ↗Posterer
Brauerei ↗Würth
Zoiglstube ↗Binner
Zoiglstube ↗Stern
Zum ↗Fiedlschneider
Beim ↗Gloser

Winkler Brauerei GmbH & Co KG
Ansprechpartner: Josef Winkler
Straße: Schanzgässchen 6
Ort: 92224 ↗Amberg
☎ *(0 96 21) 7 84 88-0*
🖷 *(0 96 21) 7 84 88-22*
💻 *www.brauerei-winkler.de*
📫 *mail@brauerei-winkler.de*
Art: Privatbrauerei

Sitzplätze: Winkler Bräuwirt 150 Sitzplätze (verpachtet), Schießl-Wirtshaus 80 Sitzplätze und Innenhof (verpachtet)
Biergarten: ja
Öffnungszeiten: täglich ab 10^{00} Uhr, Dienstag Ruhetag.
Zoiglspezialität: Schießl Zoigl
Zoiglproduktion seit: März 2008

Zoiglfarbe: Bernstein
Verkauf: 0,5 l Flaschen und Ausschank in beiden Brauereigaststätten
Alkoholgehalt: 5,3 % Vol.
Spezialitäten: Bayerische und Oberpfälzer Spezialitäten.
Wissenswertes: Die Brauerei geht bis in das Jahr 1617 zurück. Kurfürst Friedrich V. gestattete per Urkunde der damaligen Weißbräugesellschaft Bier zu brauen. In der Oberen Nabburger Straße, wo die ursprüngliche Brauerei ihrem Handwerk nachging, wird übrigens noch heute gebraut. 1913 übernahm die Familie Winkler die Brauerei, die sich nunmehr in der 3. Generation in Familienbesitz befindet.

Wolframstubn

Ansprechpartner: Georg Forster
Straße: Braugasse 1
Ort: 92670 ↗Windischeschenbach
(0 96 81) 12 41
(0 96 81) 4 00 03 88
www.siteworld.de/erlebnisbrauerei
info@biobaeckerei.de
Art: ↗Kommunbrauer, Qualitätssiegel ↗Echter Zoigl vom Kommunbrauer
Sitzplätze: Hauptzimmer 80, Nebenzimmer 40
Biergarten: 60 Plätze
Öffnungszeiten: jedes 2. Wochenende von Freitag bis Montag ab 10 Uhr
Zoiglspezialität: Zoigl aus der eigenen Hausbrauerei

Zoiglproduktion seit: 1994
Zoiglfarbe: hell
Verkauf: Ausschank und Abfüllung in Fässer jeder Größe
Alkoholgehalt: 5,0 % Vol.
Spezialitäten: Knacker mit Kraut und Brot, Blut- und Leberwurst mit Kraut und Brot, bunter Brotzeitteller mit Wurst und Käse, Zoiglikör mit Sahnehäubchen. Die Geschenkidee ‚Zoigl-Taler' ist im Wert von 10.- € und 20.- € erhältlich.
Wissenswertes:
Die Wolframstub'n wurde im Jahr 1977 von Alfons Würth erbaut um die heimische Zoigltradition aufrecht zu erhalten. Die Stube bot damals Platz für etwa 80 Gäste.
Im Jahr 1992 wurden wegen des steigenden Durstes der Gäste die Räumlichkeiten um 40 Sitzplätze erweitert.
1994 entstand eine eigene Zoiglbrauerei im Haus, in der bis heute der süffige Zoigl nach althergebrachtem Herstellungsverfahren gebraut wird.
Alfons Würth, der inzwischen in seinem Neffen Georg Forster seinen Nachfolger fand, lässt es sich bis heute nicht nehmen, noch selbst Hand an den urigen Zapfhahn zu legen, um den Gästen einen Zoigl einzuschenken.
Man kann die Wolframstub´n auch außerhalb der Zoiglzeiten mieten. Durch die flexible Einrichtung können Feste aller Art, wie Geburtstagsfeiern, Polterabend oder Firmenfeiern u. ä. zünftig und ausgelassen gefeiert werden.
Zoigltermine: telefonisch, Presse, Internet, Zoiglkalender.

Würth, Privatbrauerei Würth

Ansprechpartner: Ludwig Würth
Straße: Bahnhofstr. 7
Ort: 92670 ↗Windischeschenbach
☏ (0 96 81) 12 20
🖷 (0 96 81) 37 52
💻 www.brauerei-wuerth.de
📫 info@brauerei-wuerth.de
Art: Privatbrauerei

Sitzplätze: 100 in Brauereigaststätte
Biergarten: ja
Öffnungszeiten: Montag bis Sonntag ab 10^{00} Uhr, Mittwoch Ruhetag.
Zoiglspezialität: Würth-Zoigl hell, Würth-Zoigl dunkel
Zoiglproduktion seit: 1998
Zoiglfarbe: hell und dunkel
Verkauf: 0,5 l Bügelflaschen, Fässer mit 5 l, 15 l, 30 l , 50 l
Alkoholgehalt: 5,3 % Vol.

Spezialität: dunkler Zoigl
Wissenswertes:
1888 wurde die Brauerei von Heinrich Lindner aus Floß gegründet. 1918 hat sein Sohn Fritz Lindner zusammen mit seiner ersten Frau Therese (geb. Schrembs) die Brauerei übernommen. Aus dieser Ehe ging Fritz Lindner jun. als einziger Sohn hervor. Dieser führte die Geschicke der Brauerei bis zu seinem Tod in den letzten Kriegstagen im Jahr 1945. Dessen Frau vererbte die Traditionsbrauerei an ihren Bruder Hans Mois aus Wurz, der Gastwirt und Viehhändler war.
1951/52 kaufte das Landwirtsehepaar Christian und Margarete Würth aus Scherreuth die Brauerei. In den folgenden Jahren baute vor allem Anna Würth die Brauerei mit den dazugehörigen Gaststätten auf. 1967 übernahm Ludwig Würth die Brauerei und leitet sie zusammen mit seinem Sohn Ludwig Würth jun. – Die Brauerei Würth verleiht für kleine und große Feste alles, was für den Bierausschank gebraucht wird.

Würze
Die aus dem ↗Malz gewonnenen löslichen Bestandteile werden zusammen mit dem ↗Hopfen in der ↗Würzepfanne gekocht. Damit wird die ↗Würze keimfrei.
Durch das Einkochen wird außerdem der vorgesehene ↗Würzegehalt erreicht.

Würzegehalt
Maß, mit dem angegeben wird, wie viel Gramm Zucker und andere Verbindungen in einem Kilogramm ↗Stammwürze gelöst sind. Gemessen wird der Stammwürzegehalt mit der ↗Bierspindel in ↗Grad Plato (°P).
Der Zoigl hat von Ort zu Ort und Braumeister zu Braumeister eine unterschiedliche Konzentration und bewegt sich in der Regel wie bei ↗Vollbieren üblich zwischen 11 °P - 14 °P.

Würzekochen
Letzter Vorgang vor dem ↗Ausschlagen. Mit dieser Tätigkeit werden mehrere Faktoren erreicht: Durch Verdampfen von Wasser wird die Konzentration der ↗Stammwürze beeinflusst. Außerdem werden nicht mehr benötigte Enzyme zerstört und die Flüssigkeit sterilisiert. Durch Zugabe von ↗Hopfen(↗Pellets) werden die darin enthaltenen Bitterstoffe gelöst und der Stammwürze zugeführt. Zusätzlich fällt das unerwünschte Eiweiß aus (↗Trub).

Würzepfanne
↗Sudpfanne

Wurzer, Hotel Wurzer KG
Ansprechpartner: Doris Wurzer-Schiffner
Straße: Marktplatz 12
Ort: 92723 ↗Tännesberg
☎ *(0 96 55) 2 57*
🖷 *(0 96 55) 81 33*
💻 *www.hotel-wurzer.de*
📫 *info@hotel-wurzer.de*
Art: Hotelgaststätte
Sitzplätze: 100

Biergarten: Sonnenterasse
Öffnungszeiten: rund um die Uhr
Zoiglspezialität: ↗Pirker Zoigl, ↗Rebhuhnzoigl
Zoiglfarbe: Bernstein, dunkel
Verkauf: Ausschank
Alkoholgehalt: 4,9 % Vol., 5,0 % Vol., 5,1 % Vol.
Spezialitäten: original Oberpfälzer Brotzeiten (Tännesberger Brotzeitbrettl, Bauerngeräuchertes, roter und weißer Presssack, schlachtfrische Blut- und Leberwürste und die Hausspezialität ‚feingeräucherter Lammschinken').
Wissenswertes: Inhabergeführtes Landhotel in ruhiger Lage. In dem á la carte Restaurant werden im gemütlichen Ambiente einer bayerischen Gaststube Schmankerl aus der Region und verschiedenste hausgemachte Spezialitäten angeboten.

Zäpferter, Brotzeitstüberl zum Zäpferten
Ansprechpartner: Ernst Kleber
Straße: Bruckhof 6
Ort: 92693 ↗Eslarn
☎ *(0 96 53) 92 92 66*
🖷 *(0 96 53) 92 92 66*
💻 -
📫 -
Art: Kommunbrauer
Sitzplätze: 10
Biergarten: nein
Öffnungszeiten: nach Absprache
Zoiglspezialität: ↗ ‚Kommune'
Zoigl seit: 1998
Zoiglfarbe: hell, dunkel
Verkauf: nur Ausschank
Alkoholgehalt: 5,6 % Vol.
Spezialitäten: deftige hausgemachte Brotzeiten.
Wissenswertes: Gebraut wird im ↗Kommunbrauhaus in Eslarn.

Zoigl
Isotonischer Durstlöscher auf Wasserbasis. Die Trinkspezialität mit diesem ↗Namen gibt es nur in der Oberpfalz. Sie wurde im Mittelalter ausschließlich im ↗Kommunbrauhaus gebraut. 1508

wird das Wort „Zeigel“ in einem Protokoll in ↗Neustadt/WN erwähnt, in dem ein Streit zwischen den Neustädter Zoiglbrauern und den Hammerbesitzern von Harlesberg geschlichtet wurde. Die Harlesberger durften zwar „für sich und ihr Gesind und ihre Hammer-Verwandten schenken mögen, aber nicht mit offenem Zeigel, damit es denen von Neustadt keinen Nachteil bringe.”

Der Zoigl hat in den vergangenen Jahren an Bedeutung gewonnen. Neben dem so genannten ↗Echten Zoigl haben viele Brauereien den Trend erkannt und brauen einen „Brauereizoigl“. Im wesentlichen zeichnet den so genannten ‚echten Zoigl‘ die traditionelle Herstellung aus.

Der Zoigl zählt zur Gattung der Vollbiere und wird entweder hell oder dunkel gebraut. Er hat den gleichen Hefeanteil, die gleiche ↗Stammwürze sowie den gleichen ↗Alkoholgehalt wie herkömmliches Bier aus der Brauerei, in der Regel aber einen geringeren Anteil an Kohlensäure. Der ↗Brauvorgang findet im ↗Kommunbrauhaus statt. Dort wird die ↗Maische gekocht und gehopft. Die sogenannte ↗Würze versetzen die Zoiglbrauer im hauseigenen ↗Gärkeller mit „ihrer“ ↗Hefe. Durch den individuellen Ort und die eigene Heferezeptur entstehen von Zoiglbrauer zu Zoiglbrauer unterschiedliche Bierspezialitäten.

Charakteristisch für den Zoigl ist die leichte ↗Trübung, die von den nicht herausgefilterten Schwebstoffen (z. B. Hefe) herrührt.

Der Zoigl ist das Nationalgetränk der nördlichen Oberpfalz und gilt als Alleinstellungsmerkmal der Ferienregion ↗Oberpfälzer Wald.

Zoigl am alten Rathaus

Ansprechpartner: Rainer Fleißner
Straße: Am Markt
Ort: 95615 Marktredwitz
☎ *(0 92 31) 70 24 72*
🖷 -
💻 *www.zoigl-marktredwitz.de*
📫 *info@zoigl-marktredwitz.de*
Art: Ausschank

Sitzplätze: 70
Biergarten: Außenbestuhlung vor dem Lokal
Öffnungszeiten:
Montag-Samstag von 10^{00} - 24^{00} Uhr
Zoiglspezialität: Zoigl von der ↗Wolframstubn
Zoigl seit: 2006
Zoiglfarbe: hell
Verkauf: nur Ausschank
Alkoholgehalt: 5,0 % Vol.
Spezialitäten: Brotzeitteller mit Brot, Geräuchertes mit Brot, Pfannensulz mit Zwiebel und Brot.
Wissenswertes: Täglich wechselnde Gerichte werden auf der Tafel am Haus und in der Zoiglstube angeschrieben.
Die *Räumlichkeiten werden außerhalb der Schankzeiten für Feierlichkeiten gerne bereitgestellt. Musikantenfreundliche Wirtschaft.*
Zoigltermine: telefonisch, Presse, Internet, Zoiglkalender

Zoiglbock
Ein Zoigl, der mit mindestens 16 °P ↗Stammwürze als Ausgangsprodukt gebraut wurde, darf sich ‚Bock' nennen.
Der Name ‚Bock' geht vermutlich auf die Stadt Einbeck zurück, wo als erstes ein Starkbier gebraut wurde.

Zoiglfarbe
Die Farbe des Zoigls wird durch das Braumalz bzw. den Prozess der ↗Darre beeinflusst. In der Regel hat der Zoigl eine helle bis bernsteinartige Farbe.
Bei dunklen Zoiglbieren wird dunkles Malz oder ↗Röstmalz zugesetzt.

Zoiglinhaltsstoffe
Im Zoigl sind Wasser, Alkohol, Kohlenhydrate, Eiweiß, Kohlensäure und verschiedene Mineralstoffe und Spurenelemente enthalten. In Maßen genossen, kann man den urigen Biergenuss als sehr gesund bezeichnen.

Zoiglkartell
Beliebter Zeitvertreib in Zoiglstuben. Dort spielt (=kartelt) man mit Leidenschaft Schafkopf oder Watten.

Zoiglkalender
Um zu einem gemütlichen Aufenthalt in einer Zoiglstube aufzufordern, gibt es im ↗Zoiglland nur eine einzige grammatikalisch richtige Aufforderung: „Geh ma am Zoigl!“ Da ↗echter Zoigl so kostbar wie ein Diamant ist, ist er einerseits knapp und andererseits nicht immer verfügbar.
Um jedoch immer informiert zu sein, wo gerade Zoigl ausgeschenkt wird, gibt es neben dem weithin sichtbaren Zoiglstern und den modernen Medien auch den ‚Zoiglkalender‘. Darin findet man alle notwendigen Daten für das laufende Jahr verzeichnet. Diese unverzichtbare Planungshilfe gibt es bei den Tourismuszentren der Landkreise Neustadt (Stadtplatz 34, 92660 Neustadt a. d. Waldnaab) bzw. Tirschenreuth (Mähringer Str. 7, 95643 Tirschenreuth) oder zum kostenlosen Download (www.oberpfaelzerwald.de).
Weitere Infos findet man unter www.zoigl.de und www.zoiglbier.de.

Zoiglküche
Kochen mit Zoigl als Würzmittel ist wieder in Mode gekommen. Nach dem Motto „Was Großmutter noch wusste...“ rückt das Bewusstsein um eine regionale Küche wieder in die Aufmerksamkeit von Einheimischen und Touristen. Von Suppen bis zu Süßspeisen, vom Braten bis zur Soße: Zoigl kann alles verfeinern! Im Kochbuch „Echte Oberpfälzer Zoiglküche“ (Verlag Stangl & Taubald) finden sich über 70 leckere Rezepte über das Kochen mit Zoigl.

Zoiglland
Zoigl kann alleine schon wegen der Etymologie des Wortes einzig und alleine aus der Oberpfalz vielleicht, ausnahms- und möglicherweise noch aus den befreundeten Grenzgebieten zu Franken und zu Niederbayern kommen. Dies entspräche

der Großzügigkeit des oberpfälzischen Charakters. Doch auch das hat Grenzen!

Zoiglmafia
Gibt es nicht. Weder in ↗Windischeschenbach noch in ↗Neuhaus, noch am ganzen oberpfälzischen Globus. Dagegen trifft man sich oft in Zoiglstuben zum ↗Zoiglkartell.

Zoiglpass
weltweit gültiges Dokument der Zoiglstube ↗Schoilmichl, das bei vollständiger „Stempelung" dort zu einer kostenlosen ↗Halbe berechtigt.

Zoiglradweg
Wie an einer Perlenkette folgt der Zoiglradweg im ↗Oberpfälzer Wald den Stationen der oberpfälzer Zoiglbrautradition.
Er ist mit grünen Wegmarkierungen ‚Zoigl·Tour' versehen. Die Streckenführung ist so angelegt, dass man auf der Tour die ehemaligen und auch noch heutzutage aktiven ↗Kommunbrauhäuser zu Gesicht bekommt.

Einstieg ist die Stadt ↗Mitterteich von wo man auf dem „Waldnaabtal-Radweg“ gemächlich nach ↗Falkenberg radeln kann.
Danach geht es durch das einzigartige Waldnaabtal entlang des verträumten Flusses. Nach einigen Kilometern im schattigen Wald kommt man in ↗Neuhaus und ↗Windischeschenbach an. Über Pfaffenreuth-Hutzlmühle-Denkenreuth geht es nach ↗Neustadt a. d. Waldnaab, ↗Weiden i. d. OPf. und den kleinen Ort ↗Pirk, wo man auf den Radweg „R6“ wechselt. Nachdem ein langgezogener Berg passiert wurde, erreicht man ↗Irchenrieth, danach Lückenrieth.

Von hier geht es auf dem Radweg „Auf den Spuren der Leuchtenberger“ steil hinauf zur Burgruine Leuchtenberg.
Nach einigen Kilometern auf dem „Luhe-Lerau-Radweg“ sieht man schon ↗Vohenstrauß, das auf dem gut ausgeschilderten Radweg durchquert wird.
Auf dem „Bockl-Radweg“ geht es nun kaum merklich ansteigend weiter und ab der ehemaligen Bedarfshaltestelle ‚Oberer Fahrenberg‘ wieder hinunter nach ↗Pleystein. Das letzte Teilstück des Zoiglradweges führt auf dem „Pfreimdtalradweg“, „R 6b“ und „Bockl-Radweg“ über ↗Moosbach-Burkhardsrieth und Pfrentschweiher zum Ziel, der Grenz- und Zoiglgemeinde ↗Eslarn.
Hier kann man auch seine Radreise beginnen, denn es gibt keine Empfehlung, in welche Richtung der Radweg zu benützen ist.
Der Zoiglradweg hat eine Länge von insgesamt 115 km. Er führt größtenteils auf Rad- bzw. Waldwegen und ruhigen Nebenstraßen. Für die gesamte Strecke sollte man schon etwas Konditi-

on mitbringen, da es teilweise durchaus hügelig ist. Entlang der Strecke befinden sich in den Ortschaften zahlreiche Zoiglstuben, die diesem Radweg schließlich den Namen verliehen haben.
Wer zwischen Weiden und Eslarn den Rückweg per Radler-Shuttle-Bus antreten will, kann das zwischen Mai und Oktober an Wochenenden tun. Voranmeldung ist empfohlen.
Infos unter www.bocklweg.de.

Zoiglstern
Der zünftige Zoiglausschank des jeweiligen ↗Kommunbrauers dauerte gewöhnlich 14 Tage bis vier Wochen. Wenn sein Biervorrat ausgetrunken war, ging der „Bierzeigl", ein an einer Stange befestigter sechszackiger Stern, an den Kommunbrauer, der als nächstes an der Reihe war. Dieser befestigte nun den Bierzeigel an seinem Haus, damit ersichtlich war, dass dort gerade Bier ausgeschenkt wurde.

Das funktioniert so ähnlich auch noch in Zeiten des Internets, auch wenn jeder Zoiglwirt seinen eigenen Zoiglstern hat.
Der sechszackige Stern besteht aus zwei übereinander gelegten gleichseitigen Dreiecken. Die beiden Dreiecke symbolisieren jeweils die drei Elemente Feuer, Wasser, Luft und die Braugrundstoffe ↗Hopfen, ↗Wasser und ↗Malz. Er ähnelt dem Davidsstern, hat aber mit seiner Symbolik nichts damit zu tun, sondern ist schon lange als Zunftzeichen der Brauer anzusehen. Der Zunftstern ist deutschlandweit in Logos von zahlreichen Brauereien abgebildet.

Zoiglstube Bärnau

Ansprechpartner: Maria Gleißner, Albert Konrad, Thomas Schwägerl, Eduard Weiss
Straße: Marktplatz 8
Ort: 95671 ↗Bärnau
☎ (0 96 35) 5 12
🖷 (0 96 35) 5 00
💻 www.zoigl-stube.de
📫 maresag@hotmail.de
Art: Zoiglausschank
Sitzplätze: 65
Biergarten: ja
Öffnungszeiten: ab jedem ersten Freitag im Monat oder ganz leicht zu merken: Wenn Probealarm der Feuerwehr in Bärnau zu hören ist, gibt's Zoigl!
Zoiglspezialität: Zoigl
Zoigl seit: Januar 2005
Zoiglfarbe: Bernstein
Verkauf: nur Ausschank
Alkoholgehalt: 5,1 % Vol.
Spezialitäten: Spanferkel mit Kartoffelsalat, Saure Bratwürste mit Brot, Tellersülze, Brotzeitbrettl, Speckzwiebelfladen Wurstsalat. Dazu lokale Schnäpse.
Zoigltermine: telefonisch, Presse, Internet,

Zoiglwanderung

Noch ein Geheimtipp ist eine Zoiglwanderung auf dem ‚Goldsteig'. Idealer Einstiegsort ist Wiesau, Schlusspunkt ist eine der zahlreichen Zoiglstuben in Neustadt/WN. Beide Zoigl-Etappenorte sind per Bahn erreichbar.

Man kann diese Zoiglwanderung in mehreren Etappen wandern und die herrliche Landschaft in vollen Zügen genießen. Weitere Infos gibt es beim Tourismuszentrum am Landratsamt Neustadt/WN.

Zwickelbier

Man nennt dieses Bier auch ‚Jungbier', obwohl man es nicht im Kindergarten ausschenken sollte! Der Brauer bezeichnet den Hahn am Gärtank, an dem er das trübe, unfiltrierte Bier um seine Reife

zu prüfen entnehmen kann, ‚Zwickel‘. Demnach ist Zwickelbier ein relativ junges Bier.
Zwickelbier hat keinen regionalen Bezug zur Oberpfalz und unterscheidet sich daher in diesem wesentlichen Punkt vom ↗Echten Zoigl.

✡✡✡

Hopfen und Malz-
Gott erhalt's!

Quellen (Auswahl)

Ascherl, Geschichte der Stadt Neustadt, Neustadt 1982
Böck, Sitzweil Oberpfälzer Sagen aus dem Volksmund Pustet 1987
Brockhaus, 20. Auflage, Bibliograph. Institut 1996
Das Gilgamesch Epos, Reclam 1986
Hanauer, Heimatbuch Eslarn, 1990
Heller, Wie Farben wirken, Rowohlt 1989
Poblotzki, Geschichte der Herrschaft Pleystein 1980
Roth/Rudolf, Bier! Das Lexikon, Reclam 1997
Stieler, Karl, Geschichte der Stadt Pfreimd, Wirth 1980
v. Reitzenstein, Lexikon bayerischer Ortsnamen, Beck 1986

Weiterführende Literatur

Hahn, Adolf F. Der Zoigl – ein kerniger Oberpfälzer, Selbstverlag 2007

Dank

Ein herzliches Dankeschön an Michael Schwab, der mir viele seiner Unterlagen überlies und auch erlaubte, seine Forschungsergebnisse zu verwenden. Danke auch deswegen, weil er bei Korrektur und Überprüfung der geschichtlichen und braufachlichen Artikel behilflich war.
Danke an Anna-Carolin Popp für die Überlassung ihrer Facharbeit am Elly-Heuss-Gymnasium, Weiden.
Ein herzliches Dankeschön auch an den Leiter des Tourismuszentrums am Landratsamt Neustadt Reinhold Zapf, der äußerst hilfsbereit Material beisteuerte und Tipps und Anregungen gab.
Dank auch an Reinhard Fütterer vom Schafferhof und Norbert Neugirg, die mit Rat und Tat zum Gelingen dieses Buches beigetragen haben.
Ein herzliches Dankeschön an Berthold Sparrer der mir – wie immer – ein wertvoller Berater war.
Andreas Stangl hat wie immer kritische Anregungen und Korrekturen beigesteuert. Herzlichen Dank dafür.

Zuletzt ein großes Dankeschön an meine Frau Sandra und Thomas, Sarah und Theresa, die so manche Laune während des Schreibens dieses Buches geduldig und stillschweigend ertragen haben.